U0962873

Writing for myself

娜写年华

珍藏欢笑

writing for myself

娜写年华

10 Years
Happiness & Love
Special Edition 十年感言珍藏欢笑

谢娜
NaNa

吉林出版集团
北方妇女儿童出版社

CONTENT

目录

娜写年华
Happiness & Love
Special Edition

我无法只称赞她的个性

蔡康永

每个人身上都会显现不同的组合。组合得越奇妙，这个人就显得越有趣。

谢娜是个很奇妙的组合，谢娜很有趣。

通常我被记者围住问问题的时候，虽然脸上有笑容，但我心里是很警戒的，这是工作带来的职业病，我怕我如果太放松，会在记者面前说出“有语病”的话。

可是如果我被记者围住时，谢娜也在现场的话，她可看不出什么“警戒”的样子，她就会像一只在逛草原的绵羊一样，施施然地晃到我旁边，若无其事地用“很大声的耳语”提醒我要对记者称赞她漂亮，要强调她才是我最想搭档的女生。

说到搭档主持的事，我实在无法忘记我和谢娜在山东一起主持节目时的景象。我通常开始录影前比较不说话，因为心里在想很多事。可是那次在山东，我就一直听到摄影棚里有人在唱歌。 不是那种一个人的小声唱歌哦，是拿着麦克风，而且有琴师专门在伴奏的，“企图引起大家注意”的唱歌哦。

我纳闷是哪位来宾这么“放得开”，主持人已经进棚准备要开始正式录影了，她还能一首接一首地猛唱。 我抬头一看，不是别人，正是谢娜小姐站在阿　老师的琴旁边，死缠着阿　，一首接一首地点歌来唱！她竟然能唱到导播倒数十秒时，才恋恋不舍地站到我旁边来，准备录开场。

谢娜在我面前，也不全然是闹的，她也在我面前掉过眼泪，以我和她可能一年只见到一次面的立场来说，她在我面前够“真情流露”的了。我很感谢她的信赖，也更加喜欢她的真诚。

谢娜很喜欢提醒我她是“畅销作家”这件事。实际上，在我认识的所有畅销作家当中，她是最勇于提醒我这件事的人。

这也使得我格外慎重地看待“谢作家”又一巨作的问世。她叮嘱我写篇序来“共襄盛举”，我只有欣然领旨。

但我也知道，谢娜读到这里，一定在眨巴眨巴地眨着她的大眼睛，纳闷我到底要拖到什么时候，才要称赞她美丽。依据我对她的认知，只称赞她的个性和勇气，是绝对不够的。

所以……

……

……

唉，好吧……

谢娜你最美丽了啦！

自序

又要出书了，出版社的朋友催了很久。我每次答应着，但是又没有动笔，因为不知道要怎么开头，走什么风格的路线。

《娜是一阵疯》热销之后，到哪里都掀起了一阵“疯”，那本书的魔力是给大家带来了很多快乐。让你在不开心的时候可以“疯”一下。很多朋友说看那本书会觉得很立体，因为眼前就像有一幅流动的好玩的图画。

不要否认，有人曾经笑倒在地上过。

那本书就是那样，我用我的方式和你分享关于我的快乐故事，看过一阵“疯”的人多少也会有些“疯”。＊注意:这里的“疯”指的是快乐。

《娜是一阵疯》热销之后，我也自封为畅销书青年作家。每到一个地方，别人介绍我的时候，有请谢娜——歌手、主持人、影视话剧演员……我赶紧微笑而礼貌地补上一句：青年作家。＊台下一片笑声。

大家要理解，像我这种青年作家，头一本书达到了相当的高度，后面是很难自我超越的，有些高处不胜寒。要跨越它，会觉得又怕高又怕冷。

后来，我终于想出了一个绝招！＊像你们这些一般人是想不出来的。上一本就是我的“疯”格，有点走外。这本书我要走内，向文学大师们发起挑战，写散文，让大家大吃一惊！也许这本书以后，我还可以开辟知性女青年的路线。＊哈哈！

说时迟，那时快。我很快冲到书店买了一堆的书，还有爸爸之前买给我的很多书，加在一起差不多算个“黄金”屋了。＊书中自有黄金屋嘛！

我采取一目十行、过目不忠的办法，特别是读到那些尊敬的文学大师的散文，就算以前语文课学过，那也是一字一句、一丝不苟地拜读。心想，就算短时间我写不出来，也可以模仿一下大师的文笔，就算学他个一成两成的功力，我也算成功地转型了，太开心了，哇哈哈。＊陷入美好的幻想之中，拿到了文学青年的奖杯，热泪盈眶地向大家致敬！

可是，当我看到小学曾经学过的朱自清老师的散文《匆匆》时，突然就有些难过了。

文章里说："燕子去了，有再来的时候；杨柳枯了，有再青的时候；桃花谢了，有再开的时候。但是，聪明的，你告诉我，我们的丑子为什么一去不复返呢？——是有人偷了他们罢：那是谁？又藏在何处呢？是他们自己逃走了罢：现在又到了哪里呢？我不知道他们给了我多少日子；但我的手确乎是渐渐空虚了。"

转眼间，我已经在娱乐圈打拼了十年，这十年间，我经历了每个人都可能会经历的一个过程，也经历了一个只有我自己才能理解的过程。这中间，我像一朵花，开了谢了，谢了开了，起起落落了好多次。有幸运，也有不幸运。

可是，我始终是快乐的。因为在我为了自己的梦想坚持的路上，有那些帮助过和一直爱护我的亲人和朋友们。

我是一个大大　　，不会用华丽的词语表达的人，所以我很少说一些煽情的话。不过，我心里都记着的，只要给过我一点点关心的人，他们都是我一辈子要感谢的人。

时间很快就过去了，十年也是一样，很快就过去了。不管是"happy new year"还是"happy birthday"，我希望爱我的、我爱的亲人和朋友们都天天 happy。

十年，对于一个人来说，可能平庸，也可能辉煌；十年，对于一个圈子来说，会是沉寂，也会是奇迹；十年，对于一个圈子里的人来说，却是一面镜子，直射或者折射，都让你清楚地看到。无论你从前怎样，现在怎样，以后怎样，你永远都是你。

就像我，我是谁？十年前，我叫谢娜，十年后，我还是叫谢娜。不同的是，十年之前，我不认识你，你不认识我。＊此处可唱。十年后，我出了专辑，演了电视剧、话剧，当了主持人。＊等一下，还有畅销书作家，谢谢给我补充的机会。我会努力的，我还是我。

所以我决定不改变风格吓你们了，这本书依然是闲谈的"疯"格，但这次走的是娜式散文路线。＊娜式散文：就是那些比较散漫的文章。

娜年 · 空房子

NaNaism:: NaNa主义 ONE

空是什么？空就是色，色是什么？色就是空。▶ 房子是什么？房子就是家，家是什么，家就是房子。▶ 空房子是什么？空房子就是色家，色家是什么？色家就是爱自己。▶ 爱自己什么意思？爱自己就一定要记性好，记性好怎么证明？▶ 首先，一定要记得自己是怎么样心甘情愿的跳到河里去的。

空房子代表着就算简单乏味，也永远不会被遗忘的记忆。

a

那我是怎么样心甘情愿跳到河里去的呢?

是这样的, 有时候人是需要一点异想天开的, 你不做梦就不能体会醒来后分析噩梦和美梦的滋味。

那个时候, 我才只有十几岁, 在中江读中学。也不知道是我自己的原因, 还是因为那个年龄小孩的通病, 反正就是特别叛逆, 老是不能安安静静地在家看书, 总想着滑冰啊, 出去玩, 打球啊之类的。爸妈说东我就偏往西。那时对于跟家里对着干这件事我心里还特得意, 总之做了很多让他们很头疼的事。

有一天, 在成都上学的表姐周末回家, 带着我去街上转了一会儿, 讲了一些她在成都的好玩事。我当时特别羡慕, 我就想, 像姐姐一样多好, 在成都上学, 还可以自己打工赚钱, 自由自在多好。

刚好快放假了, 然后又是一个什么节日, 我就说我要去成都看姐姐。并在去之前, 表现良好了很长一段时间, 每天按时上学放学, 回家就做作业、看书。家里觉得也挺好的, 孩子长大了, 总是要出去见点世面的, 也就没再反对。爸爸还亲自送我上了长途汽车, 叮嘱我路上小心。

我暗自窃喜, 尽管解放的代价很大, 可是很值得, 做几天的"井底蛙", 就可以换来翱翔蓝天的机会, 划算, 太划算了。

*此处唱起来:"你已经自由了, 我也已经自由了"。

b

到了成都以后, 我很快就和姐姐的同学打成一片, 丝毫没有刚认识的羞怯。有件事到现在都记得, 姐有个同学跟她说: 你妹其实挺好看的, 就是嘴巴一圈都在脱皮。我姐一看说哪里哪里, 她是早上喝了粥没擦嘴巴。

还有个同学说, 你妹妹土是土, 其实还挺乖*四川话"漂亮"的意思的嘛, 这么活泼可爱, 还不如去考四川师范大学电影电视学院呢, 指不定哪天就火了。

我也不懂, 就在一旁傻笑。

姐姐就问我，娜娜，你愿意不愿意去考啊。

当时，我也没想过说考上了或者考不上对自己的将来有什么，就是觉得如果考上了我就可以留在成都了，不用被父母死死地管住。做什么事情都可以自己做主。

就说，好啊，好啊。

然后，我们就开始商议，准备收拾收拾就出发，

姐姐在成都待了两年了，不管是穿着还是气质都看上去比较洋气一些，基本没什么可收拾的，而且姐姐说，又不是她去考，她就简单梳洗整理下，以免别人觉得她不够正式。至于我，一定要打扮打扮，姐姐就从她的衣柜里挑了一件看上去还比较鲜亮的衣服，搭配上我的白网鞋*那个时候还没有球鞋，比较干净大方。

她寝室的同学还给我化妆，说，娜娜啊，要见艺术学校的校长，一定要化妆的。哎呀，我今天给你化妆，你以后成大明星了，我可荣耀了。

姐姐就在一旁损我们，说我们两个大白天说梦话。

忙活了一个多小时，才算把我拾掇好了，我和姐姐就豪气冲天地准备出发了。

姐姐的同学忙拉住我们说，你们两个基础这么差，应该找个人送点礼，这样可能好办事吧。

姐姐的一个同学的爸爸是峨眉电影制片厂的美术师，然后呢，他又认识一个朋友是电影家协会的，而这个协会的人又认识学校的院长。

然后我和姐姐就开始凑钱，把所有的钱都拿了出来，还有姐姐的同学也都帮我们凑，就买了两瓶白酒，还挺好的两瓶酒。我们就去找那个电影协会的人，让人家收下礼物，引荐下我们，就见一面，行就行，不行就算了。

人家也没收我们的礼物，说我们都是学生，本来就没钱。给我们指了一条路，说让我们直接去学校找那个院长，认真地说下我们的想法，能不能给个机会。

我们就没有想到人家会拒绝我们的礼物，但是还是帮了我们的忙，我们就特别感谢人家。顺便找了个回收礼品的店把那两瓶酒卖了，尽管是高价买低价卖，总比白白浪费了的好。

那个时候学校还在簇桥*现在搬了，从姐姐的学校过去到那里很远，路也不好，没有直达的公交车，我和姐姐雇了一个那种电动三轮车，颠簸了一个多小时才到。

在路上，骨头差点散了架。我觉得自己的心都要颠出来了。*还好我节约，强忍着没让中午的西红柿鸡蛋面颠出来。我跟姐姐说了句特有文采的话：唉，果然是，天将降大任于斯人，必先伤其筋骨……我姐白了我一眼。说没文化。

其实，我很想告诉她，我是故意篡改的那句话，因为我当时的情形是心志没苦，也刚吃饱了肚子，当然只能说是伤我筋骨了。可惜，天才是永远不会被这些平凡人理解的。别人笑我太疯癫我笑别人看不穿。

C

到了之后，我们就直接奔向院长办公室，快走到的时候，迎面过来了一个看上去很有派头、很精神的一个人，上下打量了我们，很严肃地问我们，你们不像是学校的学生吧，找谁的。

我突然就有些害怕了，磕磕碰碰的，不知道说什么，幸好姐姐很快反应过来了，说，我们是来这里考试的，请问罗院长办公室在哪里。

他愣了一下说，我就是，可是现在不是招生的时候啊，你们回去吧。

我一听就着急了，拽了下姐姐的衣角，姐姐也着急了，赶忙说，院长，我们过来挺远的，您就给我们一次机会，让我们展示一下自己吧。

院长想了想，看了看我姐姐说，是你来考吧。

我姐说，不是啊，是我妹妹。

罗院长再次看了我一下，我头也不敢抬，就听他说，你叫什么名字。我也没敢吭声。

姐姐说，她叫谢娜。

罗院长咳嗽了一声，有些不悦地说，让她自己说。

我一想，不就是说个名字嘛，有什么了不起，豁出去了。我抬起头清了清嗓子，鼓足了勇气仰着头很大声地说，我叫谢拉（娜）！

罗院长的眉头就差拧到一起了，他说，讲普通话，叫什么。

谢拉（娜）！

因为我那个时候讲的普通话是中江普通话，N和L严重绕不过来。罗院长彻底无奈了，他摇摇头，对我们挥挥手，不行，基础太差了，你们回去吧。

他说完就转身要走，我突然胆子就上来了，连忙冲过去拦住他，跟他说，我虽然普通话说得不好，但是我唱歌跳舞很棒的。不等他同意，我就开始边唱边跳，声音特别大，而且唱的是《山丹丹花开红艳艳》，我也不管有没有路过的同学或老师看。我只想把院长震一下。

果然把院长震着了，我跳完之后院长半天没词，缓冲了一下，说我的基础不是一点的差，让我还是回去，好好地读书，表演不是谁都可以来学的，是一定要有天赋的。

我和姐姐就在那里不停地辩解，说很多我是因为没休息好，状态不好等的话，让罗院长再给我一次机会，我好好表现一次。

最后罗院长实在拿我们没办法了，就转换了个话题说，你们这么远来，还没吃饭吧，那先去吃饭，我开个会，完了再和你们说。

在学校食堂吃饭的时候，我再一次让人跌破眼镜，当时杨乐乐也在学校，所有的同学都觉得我很可笑，因为一般艺校的女生为了保持身材，都只吃一点米饭或者不吃，可是我闷头就吃了半斤米饭。

我记得特别清楚，当时旁边过去了两个男生小声的议论，我们学校现在要增加体育生了吗？姐姐看了我一眼，就说，娜娜，你别吃得太撑了。

我还觉得特别奇怪和委屈，因为我真的很饿嘛，我多吃点饭怎么了。唉，别人笑我吃太多，我恨自己吃不饱。

d

吃完饭以后，罗院长把我和姐姐叫到他的办公室，语重心长地说，你现在来得呢，也不是时候，上一届的学生都快毕业了，也就剩下一个月时间学校就放假了，而且基础真的太差了，跟学校学生差距太大，也没时间管你，还是回去吧。

我们一听这话就急了，现在要回去，姐姐那么多同学帮我打扮给我加油，不就白费了吗？再说了这样回去，爸妈也觉得我不行，以后要再来成都就很难啦。

而且我当时的想法特别简单，就是觉得在这里做学生挺舒服的，自由自在的多好啊，而且在中江县待了十几年，能到成都来上学是多么洋气的一件事。而且从小大家都说我有文艺细胞，为啥就院长觉得我没文艺细胞。

此处唱起来："我想哭但是哭不出来。"

姐姐也不想我们的辛苦白费，就很难过地帮我求罗院长，说让我跟读，学校可以不管我。

罗院长一副不可思议的表情，连连摆手，不可能，怎么可能，学校是有制度的。

姐姐就一直在那里坚持求罗院长说，你看她也真的是很喜欢表演，就让她交点钱，安排个床就可以了，也不用专门教她，让她自己跟着读，反正现在也快毕业了，就一个月时间，就当是让她参加一个考前培训。然后下半年让她跟着下届再来考，考上考不上就是她的事情了，现在就是给她一个机会。

你给我一个机会，我拼出一片未来。此时真应该向院长声情并茂地唱一首歌：我和你，心连心，同住地球村，为梦想，千里行，相会在这里。

罗院长觉得我们的想法非常荒诞，可是也经不住姐姐一直替我求情的样子，又看看我眼圈都红了。一想又是朋友介绍来的。后来也就答应了，给我安排了一个床位，让我跟读。只是一再地强调，机会是给你了，能不能把握住就是你的事情了。

一个月啊，就一个月时间，我自己也不知道这一个月我能学到什么。但是好容易得来的机会，肯定是要珍惜的，然后我就跟家里说我要退学，来这里跟读。

那个时候，我是刚刚才考上高中的，而且考高中的时候是很艰难的，因为数学很差，爸爸妈妈还特别省吃俭用请了老师给我补课，一节课就二十块钱，当时，家

里吃得都很差，就是为了我能考上高中。花了那么多钱，好容易考上了，我现在又要退学，爸爸妈妈都觉得很突然。

我就想，反正我就是要留在成都，不管通过什么办法。所以我就想好了一套认为可以说服爸爸妈妈的话，准备他们反对的时候声情并茂地来感动他们。

结果爸爸妈妈问了一下学校的情况以后，很爽快地就答应了。

在这里要隆重地谢谢我最爱的爸爸妈妈，因为他们曾经很爱文艺，而且也从事过文艺工作，从小到大一直很支持我的兴趣爱好，特别是这次到成都跟读，对于我家是一笔很大的费用。那时爸妈工资加起来才几百块钱。但当时他们没有跟我说，很支持我，他们曾经对文艺的热爱因为年代和机遇，没能专业地走这条路，所以对于我的每一个机会都很支持，他们说，如果我在文艺上有更好的发展，他们也会非常高兴。而且我现在也长大了，有自己的想法了。爸爸妈妈一直没机会实现自己的梦想，那就希望我能替他们完成梦想。*请受女儿跪拜，我一定要努力，为了梦想，冲啊！

此处唱起来：“我要飞得更高，飞得更高。”

¦　于是，进校门的那天起，我就想，都说我普通话不好，那我就练好普通话，以后回中江县当播音员去，让爸爸妈妈也扬眉吐气一回。

¦　那个时候在中江觉得播音员最了不起了，是明星，我们没事情还去跟踪别人买菜，觉得特神奇，明星原来也要做饭吃啊。

¦　后来，每次和朋友说到我就是怀揣着这样的想法稀里糊涂就闯进艺术殿堂的时候，就会非常感慨地说：天上偶尔会掉馅饼，不过一开始肯定是你抱着石头傻啃的时候，旁边的人看不过去了，给你扔了一疙瘩金子。

¦　其实，很多事情，不怕你不去做，最怕的是你不去想，只要你有了想法，愿意去为了这个想法而实施行动，可能结果不一定会是你最开始想要的，但是一定会是最好的。

娜味 · 薄荷糖

NaNaism :: **NaNa**主义 TWO

传说含着薄荷糖许愿，就一定能心想事成。(不过这个传说是从我传的) ▶ 我的成长就像泡在水里的薄荷糖，淡淡的苦，涩涩的甜。一杯糖水杯放在一个不适当的容器里，扭曲了形状，这就是主角。▶ 主角就是我，有的东西一旦开始就无法回头。▶ 人生的意义是什么，就是不停的继续，为什么继续，是因为必须要继续，当然不一定前面是美好，没准是倒霉。

对的，就是倒霉，可是再加一个倒霉，负负得正，成为美好。

女警察

其实我小时候的愿望是做一名女警察，因为看电视里的女警察都非常帅气，穿上警装更是英姿飒爽。我每次一看到那套制服，就觉得充满了诱惑，恨不得跳到电视里把制服穿到自己身上，哇，太棒了。

好像是上一年级还是二年级的时候吧，有一次我不小心摔倒了，膝盖破了一块，疼得我哇哇大哭。爸爸怎么劝我，我都赖在地上不起来，非要他背着我走。

爸爸没有办法，就背着我朝家走，一边走一边说，娜娃子啊，你不是说长大了要当女警察的吗，你知道吗，女警察是很坚强的，你现在受了一点点伤就哭闹成这样，长大了，怎么能当警察呢。

从那天开始，我就决心改变自己，无论遇到什么挫折，我都要坚强，我相信自己一定能够做得很好的。只要努力，我一定能实现当警察的愿望。后来连坐爸爸的自行车上学都不是坐着而是站在后面，一路上特别威风。时不时还挥挥手，好像旁边过路的车和行人都在接受我的检阅。而且因为有当警察这个愿望，我从一个柔柔弱弱的小女生变成了个假小子。剪了个男孩儿头，每天都要体育锻炼。还经常跟同学演习抓坏蛋的戏码。

*此处唱起来：“我可以改变世界，改变自己，改变鼓膜，改变小气，要一直努力努力永不放弃，才可以改变世界。”

可能小孩子吧，思想都比较简单一些，刚开始就是会为了一点小小的憧憬而给自己定一个理想啊，人生目标的，并且会为了这个理想非常努力。

直到差不多到了五年级的时候，突然有一天身边的每个人都神情慌张，爸爸妈妈每天也都管我死死的，只要下午放学就让我赶紧回家。学校的老师也是，一再叮咛我们放学大家结伴一起走，不要随便和不认识的人说话。当时特别的奇怪，让我好奇心反而更重了，就绞尽脑汁地要知道原因。

大人们说，好奇心害死猫，果然没说错。知道了原因后，我也觉得很可怕。说是有个逃犯，流窜了几个城市后到了我们这里，被通缉，可是具体也不知道现在到底是在哪里，所以搞得人心惶惶。

我当时就觉得，自己实现理想的机会到了，我不应该是因为虚荣心当警察，而是要当一个很棒很正义的女警察，抓尽天下的歹徒，为天底下所有的受害人出气、报仇。

当时，每天都要体育锻炼。我突然从一个体育课经常请假的懒学生，摇身变为体育老师上完课后我还要求老师布置体育作业，老师问体育作业怎么布置，我说很简单就罚我课间、放学跑步。老师说不能罚，你自己愿意跑就跑，我说谢谢老师……

很多人都觉得我中邪了，我却乐在其中，他人笑我太疯癫，我笑别人看不穿。差不多就是这样吧。

同时我还跟同学演习抓坏蛋的戏码，跟几个要好的女同学每天放学后结伴练轻功。当时我们经过一个月，研究出练轻功的方法。***拉过钩要保密的，现在过了这么久，今天就把这个秘诀告诉大家，也请大家帮我保守秘密。**

我们的办法是：先轮流在双杠上走，走稳以后再在单杠上走。最后一步，也是最关键的一步，就是当练到在单杠上走得像在平地上走那么自然轻松之后，就移开单杠悬空走……***伴奏：《神雕侠侣》音乐起。**

此方法是比较挑资质的，请大家不要轻易随便练习，不瞒您说，至今我们都没有攻破这一关。不过，假如您真的练成了，切记，送给谢娜同学一份谢师礼。

后来，因为我们要各自考学，练轻功的事业就这样搁浅了，很是可惜。不是吹的话，我最后练得已经能在单杠上来回小跑了，但离开单杠还是不能悬空走。

有时给自己定的目标不对，看起来离成功只差一步，其实还有很远很远。但我们曾经为了那个目标努力过，就已经很满足了，重要的是那个过程。

我一直觉得在古代我是个侠女，成天在江湖上行侠仗义，古代的侠女就是现代的女警察，所以，我就应该当个女警察。

虽然我后来没有当成女警察，但是我为了这个梦改变了自己那么多，也因为这个梦想有了我在西安拍戏帮人抓小偷被大家表扬的被剧组津津乐道的感人事件，也算完成了我小时的一个心愿，只是遗憾当时是坐的出租车，没能用轻功……

运动员

后来，就是上了中学的时候，我就有了新偶像，那就是郎平和邓亚萍。也就是说，我又想长大了当运动员了。其实，也不是说我不想当警察了，就是我突然觉得，做女警察可能我身体条件太差了，练轻功又失败，当个运动员也许还有点希望。

那个时候，我特别矮小，而且很瘦，外号叫“豆芽”。

我就想，当女警察的时候如果我不够高大不但抓不住坏人，还可能被坏人反抓当成人质，那不是帮了倒忙啊。所以，还是做运动员吧，又能锻炼身体，又能为国争光，也挺好的。

然后，我就申请要加入排球队，要求了好多次，才勉强进去。进去以后，大家都嘲笑我，又瘦又小，没力气。所以我就每天帮大家捡球，我私下称自己是捡球小妹。可是我很不甘心，我一个要当国家运动员的人，一个要做体育部长的人，怎么能天天捡球呢。

我给自己开了个会，会议决定：忍。

此处唱起来：“忍者的物语，要切断过去，忠心是唯一，隐身要彻底要忘记，什么是自己。”

我就开始自己练二传手，每天练每天练，对着墙打球，早起晚睡。很辛苦地练习了一段时间，总算正式进了球队做候补。

做了候补了，我就又开始天天盼，天天盼，老希望哪天哪个队员请假啊什么的，这样我就可以上场了。

皇天不负有心人，终于被我等到了。有一次比赛，本来已经定好人，结果临时有个队员生病了，比赛又很重要，不能更改了。队长在那里着急地团团转，我就主动出击，提出让我试试吧。

队长根本不相信我，虽然我那个时候是候补，可是实际上她并没有想过让我候补什么。但是当时情况紧急，没办法，缺人啊。就说，那只有这样了，弃权也是输，不如就拼了，没准结果是什么呢。

我那一场发挥得特别好，结果我们大获全胜，队长最后不停地说，这次要不是谢娜，差点就弃权了，谢娜是我们排球队的大功臣啊！

真的，没有人会想到我能打得那么好，连我自己都没有想到。然后接下来没多久我就做了校排球队副队长，还经常带队去和外校的打友谊赛，那段时间，我也没那么瘦了，也长高了很多。

整个中学，体育部长和运动员就是我的终极目标。

最后的结果，我就不用说了，大家也都知道了，运动员和体育部长我都没有当上，但是有个小秘密要跟大家分享，看奥运会的时候，好几次升国旗奏国歌，我都幻想自己站在领奖台上，眼眶湿润，心潮澎湃，这可是我小时候的梦想啊。要问我怎么成功幻想的，很简单，闭上眼睛做白日梦，真的特美。

此处唱起来："早知道是这样，如梦一场，我又何必把泪都锁在自己的眼眶。"

运动员的梦想反映了俺内心积极向上，健康快乐的心态。

放牛娃

如果说我今天这么能说会道的功劳在一个人身上，我觉得最应该提一个人，就是成都那个，现在不知道在做什么的不知名的放牛娃。

为什么要感谢他呢，那就又要回到那个"娜"、"拉"不分时候的我了。

当时，我刚刚去学校跟读，然后每天大家都笑我。一是因为人土，穿的啊用的总是跟不上节奏；二是普通话讲得不好；三是讲自己的中江话很好笑，因为中江话的口音很重。

反正我那个时候说什么话大家都会笑，讲普通话吧，不标准，讲的是四川普通话。说四川话吧，又是地方口音。真是让我左右为难，

后来，我就想，也无所谓了，笑就笑吧，大家开心，我也就开心了。尽管这样想，可是我还是越来越无聊，慢慢地就索性不说话了，而且因为那个时候大家都快毕业

了，每个人都在忙自己的事情，根本没人管我，就算我想说话，也没人和我说。

然后，我就每天坐在那里看他们排练节目啊什么的，特别羡慕他们，觉得他们每个人都像明星，好厉害的。而我完全就是一个赶场子的观众，根本谈不上什么跟读学习。

后来，有一个任老师，是学校的形体老师，六十来岁吧，人特别好。因为那个时候快毕业了，也没人训练了，他发现了我，就主动带上我，让我早上去跟着她压腿。

她看出来我的不自信，就和我说没事，你现在刚来，很多不如他们，但是不要紧，他们刚来的时候，很多也不行的。现在他们快毕业了，你才看到他们这么好，你认真学，以后也会好的。

我就问她，那我应该怎么做呢，现在也没人教我。

她就和我说，你首先要让自己的内心强大起来，觉得自己一定可以。语言和形体是基本功，你没有经过这样的训练，那就每天早上压腿，把筋先拉开。

然后她又给了我一本书，让我练绕口令。她和我说，练语言你一定不要自卑，首先要自己瞧得起自己。

我说，好。那我就死练。

我就每天去学校后面的一块田地练绕口令，没有人知道，也没有人理我。我根本没有机会去问任何人，就是在那里认识了一个放牛娃，每天和他用普通话交流，对话。

放牛娃特别的好，也很朴实，他从来都不会笑话我。那段时间，每天放牛娃都陪我练绕口令，听我朗诵啊什么的，给了我特别大的鼓励和自信。

后来，他们都毕业了，我也就回家了。

再跟下一届考试的时候，我居然考了专业第一名，罗院长都傻眼了。因为他根本就没看好我，就觉得太惊讶了，我变化怎么这么大。后来我入学后，院长对我特别的好，觉得我很有毅力，经常拿我的事情给学校的人讲，到现在也这样讲。每次都说，努力奋斗，就一定能做到的！

很多人都听得热泪盈眶，我自己也特别感动。

一个人只要想做成一件事情就一定能够做成，不同的只不过是时间的长短，同时如果身边有一个人一直鼓励你，陪着你一起从不好走到好，绝对会缩短你成功的时间。虽然说我的成功是我自己努力得来的，但是在那个没有人愿意和我对话的日子里，确实是放牛娃给了我敢于大声说话的机会，因为你不说出来，就不知道自己到底说得好不好。就像《勇往直前》里面说的，你不勇往直前，就永远不知道你会到达哪里。来，大家一起来，勇往直前，我做主！

时间过了这么久了，前两年，我回去过一次，到那个我练绕口令的地方，牛儿还在山坡吃草，放牛的却不知道哪里去了。我想他一定是考上了好的大学或者是过了幸福的生活吧，我一直相信，善良的人就一定会幸福的。尽管我并不知道他的名字，但是我一直都会记得他，如果有一天遇到他，我会对他说一句，谢谢你。不知现在我能帮上你什么忙吗？

歌声响起：《最初的梦想》

麦当劳

记得我刚开始到北京的时候，生活比较拮据，特别喜欢吃煎饼果子，每天吃每天吃，我觉得好像人间美味一样。然后体重就急剧上升，本来瘦瘦的尖下巴，不知不觉就圆润了，整张脸看上去胖嘟嘟的，说好听点，是婴儿肥，说得不好听，就是傻胖傻胖那种。

这个时候，《少年英雄方世玉》剧组的一个工作人员是之前推新人比赛的一个朋友，刚好缺一个小丫鬟，他就和我说，你去试试，反正是要那种胖嘟嘟的。

丫鬟就丫鬟吧，有戏总比没戏好。我就去了，结果就定了我，当时就签了合同，三十多集。

没想到，我还是个很重要的丫鬟，就是小姐的贴身丫鬟，每场都有的那种，这一下就要在那里一拍就是三四个月。

连着三四个月，剧组的人都感觉我很孤僻，除了拍戏，从来都不和别人出去玩，永远都是一个人待在麦当劳。每天就跑到麦当劳要一杯可乐，傻傻地坐一天，用羡慕的眼光看着别人，看着大人小孩玩得吃得开心，我也开心很多。(当时怎么也不会想到后来麦当劳会找我代言)

我也不愿意和别人解释，什么都不说，拍戏的时候就一手拿着椅子，一手拿着包，跑到现场去，拍完戏就一个人悄悄地走开。剧组的女孩子在那里讨论哪里的衣服好看，用什么化妆品比较好什么的，我都不吭声，好像自己不属于那个喧闹的人群，因为确实我也融入不了那个世界。

那个时候我没有钱，骨子里却很好强，出门不愿意老让别人埋单，但是当时那个情况又不容许我好强，因为确实兜里没钱。

所以麦当劳就成了我每天唯一寻找快乐的地方，拍完戏以后，要一杯饮料，坐在靠窗的位置整整一天。在那里看着来来往往的人，观察别人的家人，看每个人脸上不同的笑容和洋溢的快乐，就觉得自己也感受到了快乐。

我本身就是一个向往快乐的人，在麦当劳里，我每天都会看到情侣啊，被父母

带领的小孩啊，每个人都是沉浸在快乐当中的，我就觉得特别的满足。

总之，麦当劳应该是在我打拼过程中一个特殊的场景，一杯水买来的快乐，简单是快乐的，快乐最难得。

娜愿·尾鱼

NaNaism :: NaNa主义 THREE

我是一个拥有太多平凡的女孩，没有清纯可人的靓丽外貌；没有婀娜多姿的妖娆身材；也没有善睐的明目，自然也不会顾盼生辉；更没有咄咄逼人的气势。▶尽管有人恭维我的笑容可掬，可是我知道那不过是好友善意的安慰。▶正因为我如此平凡，我便少了骄傲自矜和不必要害怕被人欺骗的担心，多了平易近人的随和和发自内心的真诚。

我就像一条平凡的尾鱼，抛进大海里没人会注意到我，我的心愿是，努力让自己快乐，也努力让所有遇到我的人都快乐。

在成都上学的时候，每个月生活费是二百六，刚开始的时候我觉得挺多的，因为家里一个月的生活开销也才四百多，有时多点也才五百多。我一个月就将近三百，就觉得自己特别富裕，特别幸福。

可是，有一次，我被同学喊去滑冰，坐公共汽车到了那边再回来，一下子就花了五十多块钱，差不多快六十了。

我就算了下，一个月去一次滑冰就这样了，那我要多去几次不就饿死了。加上还要一些其他的开销，天哪，这个我怎么过得去，一个月呢。

然后就问家里，能不能每个月给我多加点零花钱，结果妈妈想都没想说，不能加。

当时虽然很不服气，就觉得妈妈突然就不心疼我了，但是也没想到更多，比如说家里是不是困难啊之类的。

可能小孩子的心思都比较单纯直接，也比较自私一点，只会在意是不是对自己不好了不公平了，很少去关注背后会不会有难言之隐。

一个学期结束后回家，就觉得家里特别奇怪，总觉得少了些什么，多了些什么，可是又没仔细观察，也没深究。春节后，快开学的时候，和舅母还有爸爸一起去街上买菜。

路上的时候，爸爸在后面走，我和舅母走在前面，舅母先是问长问短问了我一些学校的事情，后来，突然说，娜娜，你要不就别去上学了。

我觉得很奇怪，我好容易考上了，而且爸爸妈妈也都很支持我，为什么又不让我去了呢。

舅母看着我，吞吞吐吐地告诉我，家里交不起学费了。

我当时吓坏了，我想着家里虽然不是很有钱，但是交我的学费还是没问题的，可是舅母为什么这样说呢，那肯定是出了什么事。

我还没来得及问舅母到底发生什么事情了，爸爸就在后面吼了起来，怎么交不起学费了，我就是贷款，也要让我娜娜上学。说完，怒气冲冲地拉着我就要走。

舅母当时特别尴尬，就没再说话，只是叹了口气跟着我们回家了。

我隐约觉得不对，但是看到爸爸那么生气，也没敢多问。

以前我每年都会有很多的压岁钱，我就全部攒起来放在一个袜子里，然后放在柜子里衣服的最下面。每次都是很细心的抽出来一张两张，每年的压岁钱都会用很久。

可是，有一天，我就发现，怎么我的压岁钱还没用就没了。我就跑去跟妈妈说，家里来贼了，把我的压岁钱给偷走了。

妈妈当时表情很复杂，让我别乱喊，让我仔细想想，是不是自己花光了，还是放错地方了。我很肯定地说，不会的，就是丢了。

妈妈叹了一口气，对爸爸说，那怎么办？

爸爸就很不好意思地跟我说，钱是他拿的，因为要暂时周转下。

我就想，爸爸怎么都到了拿我压岁钱的地步了，那家里肯定是发生了特别严重的事情，而且舅母又那样说，不行，我一定要知道原因。

那应该是我第一次和爸爸妈妈吵架，就是威胁他们一定要告诉我事情的真相。有时候，尽管真相会很残酷，可是被蒙在鼓里却让内心更受煎熬。

但是爸爸妈妈还是没有告诉我，让我专心读书，别想其他的。

后来，侧面地从舅母那里我才打听到，是爸爸的公司出了问题。

说起来，好像关系还挺复杂的，但是实际上也挺简单，就是公司在一个很好的地段买了一块地皮，是政府给划分的地皮，然后开始修建，一直都做得好好的，好容易房子建好了，装修也收工了，突然就来了一个管城建的人，说我们要扩街，这里要拆了。

可是房子才刚刚弄好，修建啊，装修啊那么多的钱，怎么办？都打水漂了不成？而且之前修建的时候，爸爸专门问过，也没人说过这里是要拆的啊。爸爸就和来的人理论。

¦ 人家说，没办法，那我们给你指一个地方，你去那里重新开张吧，因为我们这里是必须要拆的，这个是规定。

¦ 爸爸就想着那已经这样了，只有努力，把这个公司搞起来，不管火锅厅啊，副食店，卡拉OK厅啊，总之只要弄好了，运转起来就可以把装修的员工费用和其他损失慢慢补回来。爸爸把我家的和几个很近的亲戚家的房产本押了出去，找了亲戚帮忙，去银行贷了一笔款，还向朋友借了一些钱。

¦ 然后又开始重新修建。

¦ 完工的时候，结果又来了一个城建负责人，说这个地方也得拆。爸爸说，你们开玩笑吧。这是你们城建的人指的地方，批文也在，难道说话不算数吗？那个人态度特别不好，说谁让你们修的你们找谁去。爸爸就拦在那里不让拆，要和他们理论，给个说法。说这是公司那么多员工的希望，房子拆了，希望就没了。人家说没办法，就是必须要拆，最后还找了人把爸爸拖走。

¦ 爸爸又是找人又是托关系说话，都没用，最后还是拆了。

¦ 公司没办法再运转了，其他负责人一看这个情形，都跑了，没人管事了。债主们也看到公司这个情况，都着急着赶紧把自己的钱要回去，可是公司都没了，找谁要钱啊，爸爸是公司的法人，于是所有的人都来找他了。

¦ 本身为了这次重建，家里就已经很负债了，拆完以后更是负债累累，一分钱都没有。家里根本给不起，要债的人就每天堵在我家门口，把家里值钱点的电器啊家具都搬走抵债了。

¦ 可是债是公司负的，又不是爸爸一个人的事情，而且关于拆迁这个事情也必须要给个说法的，爸爸就去找人。但是没有人负责，之前通知拆迁的人都离职了，那一批人全部都不在了。新的领导也不管，说是不清楚当时的情况。

¦ 一夜之间，家里就被掏空了精气神，爸爸每天都愁眉不展，为了公司的债务奔波。就好像原本以为会是一个漂亮的聚宝盆，走进去后却发现是一个填不满的无底洞。

而我，那个时候只是知道家里没钱了，遇到了事情，并不知道到底严重到了什么地步。然后那年暑假，我就自己去打工挣学费。

当时，同学的哥哥开了一个广告公司，会接很多广告啊MTV的拍摄，拍摄的时候会需要一些女孩跑啊跳啊，都会来找我，一次可以赚几百块，除了够我自己用，还能给家里一些补贴。

因为家里出了这么大的事情，我和院长讲了一下，问能不能申请先欠着学费，赶毕业前交清。院长说这个肯定不可能，学费还是要按时交的，因为这个是有教育局在上面的，要是申请的话手续很多，而且还很难批下来。

然后那个时候也没有奖学金，不过院长还是尽量想办法多给我一些机会，比如外面来找学员客串什么角色，照理说应该每次推荐不同的人，不会连着放我出去的，但是考虑到我的情况，都会对我网开一面。

就是那样半工半读，靠着身边老师同学的帮助，我终于完成了学业。

毕业的时候，按照一开始和家里人的想法应该是在四川找个工作，可是刚好北京那时候推新人比赛开始了，我就想，要不去北京试试，做好了就能给家里缓解压力了。

本来还担心家里会反对，结果爸爸妈妈都很支持，还挺意外的。

我是先通过四川的比赛推荐过去，当时爸爸从中江赶到成都送我，他就带了一个小包，放着几个茶叶蛋和一个矿泉水瓶子，里面装着凉白开。

当时我们住在峨眉电影厂旁边的西苑宾馆——一大堆要去比赛的人都住在那里，我也没和其他人多说什么话，心事重重地就一直问爸爸家里的情况，爸爸就让我别担心，好好地比赛，在北京好好发展。不知不觉就过了长途车回中江的时间。

我就和爸爸说，要不你也在这里开一个房间住吧。

爸爸说他有一个同事在成都，他要去同事那里住，顺便还要和同事说点事情，我就相信了。

后来，我才知道，爸爸自己一个人去火车站旁边一个很深的巷子里，在一个录

像厅里，五块钱坐了一个晚上，连饮料都没有舍得买，只喝了一杯免费茶水。

爸爸就是这样，不管自己多辛苦，在我面前一直都是若无其事的样子，不让我担心，处处为我着想，生怕自己的一句话一件事就影响了我。

无论自己发生了多大的事情，转身面对他人，都永远是一副轻松自在的表情，痛苦自己一个人承担，快乐让每个人分享，这就是爸爸带给我的。

也就是，那年，我拿了推新人大赛的冠军。

当天晚上就有剧组找我，让我去海南拍戏，我就信心百倍地去了，这是我人生第一个真正的锻炼，我觉得自己毕竟是个冠军，应该是很好的，会被人重视的。

但是根本不是那样的，去了剧组以后才知道根本没有人管你。导演组的人一见我就和我说，我不仅要演好自己的角色，还要做化妆助理和服装助理。

我根本就不懂，就问为什么。

人家说因为你是新人啊。

哦，原来新人就是这样的。然后我前半个月到一个月几乎没拍戏，光给其他演员梳头了。

其实也不是新人就必须做那些，他们就是欺负我。但是我就从来没想过到底是不是那样，我觉得可能就是这样吧，人家说了新人都要做，我就做吧，我也想得比较开，就一直做一直做。

然后拍戏的时候也是，我总是怀里揣着一块手绢，演着演着只要导演一喊停，我马上掏出来给对面的人擦汗。慢慢地，我也感觉到了一些人家就是瞧不起我，觉得我只是一个比赛出来的选手，连新人都不算。我就特别的生气，下定决心说，回北京了，我要考北京电影学院和军艺，不管哪个学校我考上了，我就不相信你们对我还这样。

几个月下来，根本没赚到钱，还把自己搞得很难过，我一回到北京，就准备考学校。

我先考的北电，考试那天，我很早就起床了，睡眼蒙胧的就上了公车，一上车就睡着了，到了终点站被人叫醒一看，傻眼了，赶紧下车重新坐车再回来，结果到了以后我那组早就过去了。

更糟糕的是我的包还丢在公交车上了，准考证也没了，我就跟着最后一组进去了。

当时主考官是黄磊老师*不过他现在死活不敢承认，哼，他就问我是哪里来的。

我说我是第一组的，因为堵车来晚了，我不敢说我在车上睡着了。

他看了我一眼，那好吧，准考证多少号。

我有些不好意思，低着头说，丢了。

黄磊老师当时特别严厉，他很大声地说，你怎么不把你人丢了啊。

然后我表演的全程他就根本没正眼看过我一下，我也觉得没面子到了极点，还没考就直接被老师打击了一顿。结果，当然也不会有很好的成绩了。

接下来又去考军艺，坐地铁去的，结果又坐过了，我也不知道为什么我那么多瞌睡，只要一坐车或一看碟我就睡觉，现在也是……

因为军艺特别要求纪律，念名字的负责人说我，这也敢迟到。我也很郁闷，我也不想迟到啊，可是……总之，就是，军艺又黄了。

考中戏的时候更神奇，中戏的老师只问了我一句话，照片上的人是你吗？

我很奇怪地说，是我啊。

照片是在四川的时候拍的，很瘦，扎了个辫子，特别漂亮。

老师仔细打量了下我，嗯，有点像，那你现在为什么这么胖？

我想了下，就说因为我现在在发育嘛。

老师听了我理所当然的回答，惊讶地看了我一眼，就走了。然后我就失去了任何考试的音信。

这是我第一次觉得特别大的失败，在四川的时候是个尖子生，到了北京觉得要狠干一番，一来就拿了冠军，觉得还不错，结果被打去做助理，雄心勃勃地考试，结果还没出来就已经死翘翘了。

太失败了，简直是前所未有的失败，不行，我还是卷铺盖回老家去吧。在四川，在自己的山头指不定还能做得响当当呢，北京人才济济，我别自给自己找没趣了，留得青山在，不怕没柴烧。

北京，别了，我以后再杀回来看望您老人家吧，我特别沮丧地收拾好行李，准备回家去。然后打电话给家里，爸爸很生气地训了我一顿，说我不能遇到困难就后退，要迎难而上。当时觉得爸爸挺不心疼我的。

我还是留在了北京，很巧的就是接下来我接了那个丫鬟戏。所以我觉得那就是命，只要你不放弃，就一定会出现奇迹的。

拍丫鬟戏的时候，我终于知道了家里的真实情况，让我无法承受的。

有个中江的朋友来北京办事遇到了我，劈头就问，娜娜，你怎么还在北京待着不回家去啊，你家里发生了那么大的事情，你都不知道啊！

我当时只知道我有一个星期都打不通家里的电话了，还以为是爸爸妈妈出去了，就没想太多。

他这样一说，我才觉得是有点不对劲，再一联想到爸爸妈妈老是和我说，让我不要经常打电话，好好在外面努力，别老惦记着家里，成天和家里联系影响工作。应该是发生了一些他们不想告诉我的事情。

朋友和我说，我们家被砸了，所有的东西都被搬空了，爸爸也被人打了。因为之前公司那些装修的费用，全部都找爸爸，所有的人都不管，他们去我家敲门因为没人在家，没人开门，就把门砸了一个大洞，把所有值钱的东西全部搬走了。法院还在没弄清事实的情况下以欠债不还把我爸爸拘留了十五天。*写下这些字时我特别特别心疼，如果我当时有足够的力量，怎么会允许他们这样来欺负我最爱的家人，当时我的邻居亲戚和很多县上的人都知道，可偏偏我不知道，他们怕我受到伤害，这是爸妈对我的保护，这个保护让我现在都特别心痛，如果当时我在他们身边，跟他们一起度过会怎样……

当时我听到这些都快崩溃了，我作为他们的女儿，竟然不知情，我越想越难受，我就说不行，我现在就要回去，不能让别人这样欺负我爸爸妈妈。

那个时候，我特别冲动，也不管拍戏不拍戏了，就准备收拾回家。剧组一起的张大哥拦住了我，他说，既然你爸爸妈妈都不愿意告诉你，那自然是有他们的道理，你现在回去，除了搭上自己，让他们更难过，别的什么意义都没有。你现在没有任何能力能帮到他们。

我就哭，哭自己不能为爸爸妈妈做什么，他们养了我这么大，我却明明知道他们在受苦，自己却没有任何办法。

张大哥就告诉我，我现在留下来好好工作，好好挣钱才是最正经的事情，也是唯一能帮爸爸妈妈的事情，因为有钱了才能好好地帮他们。

我想了想，也是，就留下来继续拍，再拍了大概有十天吧，就拿到第一笔第一个月的工资，还挺不少的，六千块钱。我就留了两千给自己租房子和作生活费，去邮局给家里寄了四千。我想虽然钱不是很多，但是起码可以缓解家里一些压力。

在怀柔的邮局，我特别兴奋，我给爸爸打电话，很大声的说，爸爸，我发工资了，发了六千块钱，我给家里寄了四千块钱，这几个月我都会挣这么多钱。

爸爸就说他不要，说我一个人在外面，要给自己身边多留点钱，让我不要管家里，家里一切都很好的。

我当时就忍不住了，都到这个时候了，爸爸还在瞒着我，还怕影响我，我就哭着说，爸爸，你别再骗我了，我什么都知道了。

那三个月每个月我都可以拿到那么多钱，我都同样处理了，其实四千块钱对于他们来说是一笔不小的数目了，可是对于我家的债务来说，真的是很少很少的。

要债的人越来越过分，爸爸终于忍不住了，他决定要上告。因为没钱，请不到律师，爸爸就自己买了很多法律书，自己给自己打官司。

他说，是我的错就是我的错，不是我的错就不是我的错，我一定要讨个说法，证明自己是清白的。

他那种自己帮助自己的精神也一直鼓励着陪伴着我，让我懂得，做人就是做自己，清清楚楚做事，明明白白做人。

爸爸自己靠自己打了三年的官司，他从自己买法律书开始到自己打赢官司前前后后用了三年，这三年也是我在北京工作比较艰难的时间。但家里的事没有给我任何压力。

爸爸妈妈怕影响我的工作，所以有什么困难也从来都不告诉我，谢谢你们，但也很遗憾官司的事当时没能帮到家里。

打赢官司的那一天爸爸很骄傲地给我看了四川省德阳市中级人民法院的民事裁定书和赔偿决定书，他笑得特别开心，像个考试得了满分的学生，他跟我说："娜娜，你看，爸爸自己打赢的官司，中江县人民法院给我道歉和赔偿了。"

裁定书上写着的几句话我永远难忘：

1998年9月4日中江县法院作出对申请人司法拘留十五天的决定，申请人不服，向本院复议，本院作出维持复议决定，申请人仍不服，经多次申诉，我院于2001年10月31日作出（2001）德法确字第4号民事裁定书裁定：中江县法院采取司法拘留申请人错误。赔偿委员会认为，应对其给于赔偿。

而且虽然公司因为损失惨重没法再做了，新上任的领导还是答应爸爸的请求，帮助公司的其他人员解决退休金的问题。爸爸告诉我："要告法院相当难，要告赢更是

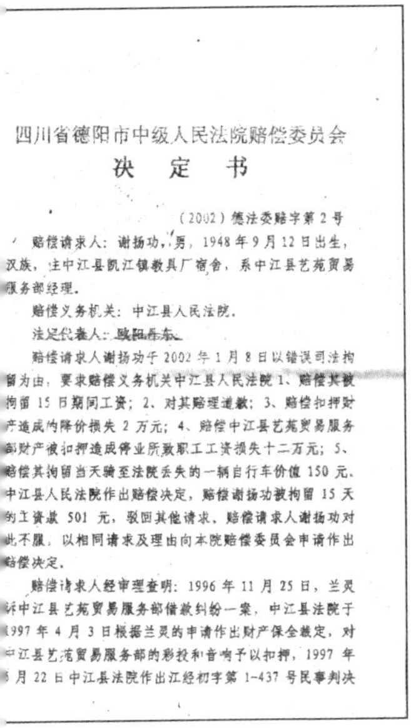

四川省德阳市中级人民法院赔偿委员会
决 定 书

（2002）德法委赔字第2号

赔偿请求人：谢扬功，男，1948年9月12日出生，汉族，住中江县凯江镇教具厂宿舍，系中江县艺苑贸易服务部经理。

赔偿义务机关：中江县人民法院。

法定代表人：欧阳丹东。

赔偿请求人谢扬功于2002年1月8日以错误司法拘留为由，要求赔偿义务机关中江县人民法院1、赔偿其被拘留15日期间工资；2、对其赔理道歉；3、赔偿扣押财产造成的降价损失2万元；4、赔偿中江县艺苑贸易服务部财产被扣押造成停业所致职工工资损失十二万元；5、赔偿其拘留当天骑至法院丢失的一辆自行车价值150元。中江县人民法院作出赔偿决定，赔偿谢扬功被拘留15天的工资款501元，驳回其他请求。赔偿请求人谢扬功对此不服，以相同请求及理由向本院赔偿委员会申请作出赔偿决定。

赔偿请求人经审理查明：1996年11月25日，兰灵诉中江县艺苑贸易服务部借款纠纷一案，中江县法院于1997年4月3日根据兰灵的申请作出财产保全裁定，对中江县艺苑贸易服务部的彩投和音响予以扣押，1997年6月22日中江县法院作出江经初字第1-437号民事判决

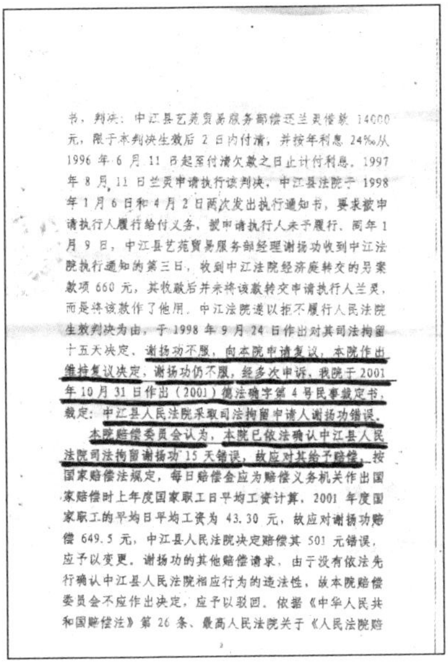

书，判决：中江县艺苑贸易服务部偿还兰灵借款14000元，限于本判决生效后2日内付清，并按年利息24‰从1996年6月11日起至付清欠款之日止计付利息。1997年8月11日兰灵申请执行该判决，中江县法院于1998年1月6日和4月2日两次发出执行通知书，要求被申请执行人履行给付义务，被申请执行人未予履行。同年1月9日，中江县艺苑贸易服务部经理谢扬功收到中江法院执行通知的第三日，收到中江法院经济庭转交的另案款项660元，其收款后并未将该款转交申请执行人兰灵，而是将该款作了他用。中江法院遂以拒不履行人民法院生效判决为由，于1998年9月24日作出对其司法拘留十五天决定。谢扬功不服，向本院申请复议，本院作出维持复议决定，谢扬功仍不服，经多次申诉，我院于2001年10月31日作出（2001）德法确字第4号民事裁定书，裁定：中江县人民法院采取司法拘留申请人谢扬功错误。

本院赔偿委员会认为，本院已依法确认中江县人民法院司法拘留谢扬功15天错误，故应对其给予赔偿。按国家赔偿法规定，每日赔偿金应为赔偿义务机关作出国家赔偿时上年度国家职工日平均工资计算。2001年度国家职工的平均日平均工资为43.30元，故应对谢扬功赔偿649.5元，中江县人民法院决定赔偿其501元错误，应予以变更。谢扬功的其他赔偿请求，由于没有依法先行确认中江县人民法院相应行为的违法性，故本院赔偿委员会不应作出决定，应予以驳回。依据《中华人民共和国赔偿法》第26条、最高人民法院关于《人民法院赔

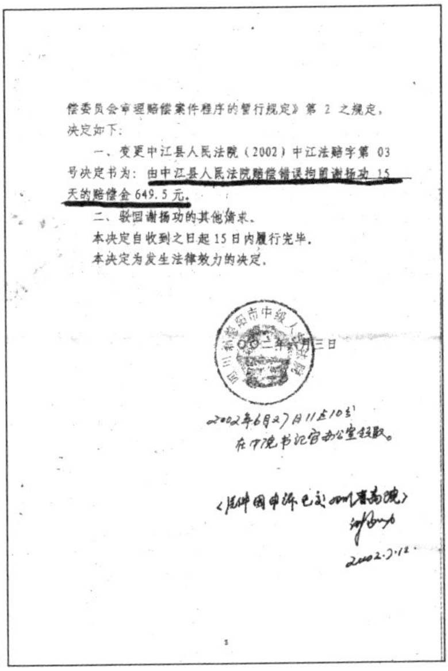

偿委员会审理赔偿案件程序的暂行规定》第2之规定，决定如下：

一、变更中江县人民法院（2002）中江法赔字第03号决定书为：由中江县人民法院赔偿错误拘留谢扬功15天的赔偿金649.5元。

二、驳回谢扬功的其他请求。

本决定自收到之日起15日内履行完毕。

本决定为发生法律效力的决定。

〇〇二年[illegible]月三日

2002年6月27日11点10分
在中院书记官办公室领取。

2002.7.12

难上难，而且当时申请复议，二审法院又维持县法院的决定，要想翻过来都说不可能，找了几个律师都不愿接，一是直接告法院不管告与不告得赢，律师都不愿与法院过不去，何况已通过二审等于差不多终审定案了，再加家里经济有困难……但我坚信我是冤枉的，我开始自学法律，经过三年的申诉，从县法院到市法院到省高院和最高人民法院。终于告赢了法院。承认违法并同意赔偿我工资和损失，娜娃子，这不是几百块钱的事，这是维权，人权。虽然过程很艰难，但这样的结果让我们更加相信，法律是公正的，你也要相信，生活中虽有些磕磕绊绊和不如意，但它终究是美好的。”

我觉得很震撼，觉得爸爸很伟大，从那天起，我就把裁决书复印了带在身边激励自己，有困难的时候看看它，想到爸爸拿起第一本法律书的时候，一切从头开始的艰难，就觉得没什么是可以难倒我的。

当时我特别震撼。就觉得他那种毅力真的不是常人所能做到的，虽然赔并不能赔多少钱，可是这就是你不能冤枉我，我是清白的，我必须要回一个公道。

爸爸要的不是什么，他要的就是一口气。

虽然说，三年后的裁决书和道歉并没有多少人关心。伤害已经有了，爸爸已经被冤枉了，给家里也造成了那么大的伤害，但我一定要记录下来，这是我为爸爸妈妈骄傲的东西，也是为爸爸三年的努力作一点我的贡献。

不是要证明给谁看，只是证明自己。做自己想做的，就算没有一个人支持，也要坚持自己。坚持到底，喜欢你的人就会越来越多。

娜心·聚光灯

NaNaism :: **NaNa**主义 FOUR

娜式人来疯。▶怎么体现？预备，开始，忘记所有的烦恼，取而代之的是热烈的放纵，毫无顾忌的大喊大叫，感受最原始的自我。▶这就是聚光灯下最令人着迷的感觉，没有过多的炫耀和自豪，就是自我心境的宣泄和众人期盼的欢呼。▶在舞台与聚光灯下找寻自己的影子，激励自己的梦想，感化自己的内心。

我坚持！

a

北漂的日子真的很辛苦，但是，却又总是会遇到意外惊喜。

记得有一次，前一天我已经因为没钱昏睡了整整一天，第二天一大早就被通知去领工资了。我特别开心，可是从我家到怀柔要很远一段路，我要先去西单坐地铁，再坐公交，最后下了公交车以后还要再坐个三轮车，总共下来路费就要八块钱。

当时我头都大了，心里想，如果今天我没有路费，我难道要穿越北京城走到怀柔去领钱吗？我就在我五平米的房间里翻得天翻地覆，任何一个角落都不放过。

找了差不多一个小时，我几乎都绝望了，最后的关键时刻，在一个牛仔裤的屁股后面居然找到了一张洗得很白，皱巴巴的二十块钱。

我特别特别开心，觉得自己好幸福，那个时候就是这样，物质上很贫乏，但是精神世界非常丰富。

别的同龄女孩都是那种很柔软很善良很好讲话的人，像我这样风风火火的很少，可是我在外面，必须要保护自己，我无亲无故，也没有任何关系，只能把自己弄得像一只刺猬。

我越来越像男孩子，身边的很多人，都当我是男孩子看，而且，我所有的异性朋友的女朋友也都非常喜欢我，也不会介意他们和我一起玩。

其实这也是一个很好的交友的方式，你们之间没有什么，没有什么男女之情，你们是很好的朋友。如果有好的机会方式，你们更容易合作什么的。这样更让别人看到你的优点。

这样的性格和形象给了我一个保护膜。一个女孩在外面，可能家人最担心的就是会不会交错男朋友。可是别人只会对女孩子有企图，根本没人对我有企图，因为我是个男孩子嘛。

可是这个性格对自己的保护，让我越来越独立，和爸爸妈妈都不像了，我特别容易着急，遇到问题不是说像别人女孩子，就会说求求你啊，帮助我什么的话。直接会冲上去就和人家打架，那个时候，我解决事情的唯一方式就是打，除了打，没有别的了。

生活就是这样，你在改变生活的同时也被生活改变了。

b

我觉得我的人生信条，一个是像男孩，一个是和我工作你会很快乐。

其实我才到北京的时候，包括在成都上学的时候，我都不是那种能很快和别人打成一片的人，算是有点被动的主动，如果别人不先来和我打招呼，我就不会去和别人打招呼。

现在，很多人第一次见到我就说我很亲切，都是因为我从到北京一个人开始，什么都没有，周围的人也没有关系的时候慢慢发现，我唯一能做的就是我和你接触和你工作时，能让你觉得很快乐，那我们以后才会有更好的合作。

每次和别人谈事，我都是以一副自我分析的态度来进行，告诉人家，我要什么，你能给我什么，你要什么，我又能做到什么。工作简单干脆。

就这样，和我合作的人越来越多。

那段时间，我也特别幸运，不像很多演员在北京到处找组，我就是演完《少年英雄方世玉》后，紧接着又接拍了古装戏，我又连着演丫鬟，那个时候都已经快成了丫鬟专业户了。

但是每个月我都可以赚到六千块钱，我觉得已经很多了。

现在回忆，看以前的戏，永远都是那样“小姐，怎么办？”“小姐，你不要去。”“小姐，吃饭了。”永远都是这样的台词，不同的是有的时候头上两个发髻，有的时候一个发髻。

但是我在这样的情况下，永远都是自得其乐，我永远很开心，虽然偶尔也会有一些不开心，但是很快我就会忽略过去。比如有的女孩，要去领工资了却没有路费过去，就会在家里哭，为什么自己没有钱。可是我就会是惊呼，哇，找到钱了。

永远都是这样，我觉得我特别看得开，心态特别的好，没有钱，住在只有五平米的小房间里，别人都会很自怜，但是我非常的满足和开心，我觉得那个小空间是属于我自己的，尽管很小，却很自由。

其实人就是这样的，你要把事情想得好了，它就是天堂，可是你非要认为它是地狱，那你肯定不好过了，心理暗示是大于现实状况的。

C

记得在拍戏的中途，爸爸那会儿还在打官司，就在家里写了上访信，来到北京准备直接递交到北京人民法院。

当时我刚刚拍完手里的戏，准备接拍另外一个，是王小京老师投资的，他是“十二乐坊”的制作人。那个时候他有一个戏，还是个女一号，是个上下集的，加起来就几千块钱那种。

王小京知道了这件事情后，就说他有一个朋友，比较懂法律这些，看能有什么办法帮我。

我就和爸爸带了五百块钱去了，然后王小金带了他的朋友，结果去了以后吃的是泰国菜，我也不懂，但是估计很贵，我就有些害怕了。

快吃完的时候，我给爸爸使了个眼色，悄悄把他喊到一边，说出我的担心。爸爸就说也没太吃什么，五百块应该够了吧。我们就把服务员喊了过来，结果一问，居然要一千多。我和爸爸当时就吓着了。

我就问爸爸怎么办。

爸爸脸涨得通红，也不知道怎么办。

我们两个人就在洗手间的门口转来转去，想不出来办法，我心想，完了，这次可丢人丢大了。突然我灵机一动，很不好意思地跟爸爸说，要不让他装作忘记带钱包了。

爸爸看了我一眼，小声地嘟哝着，这种事情怎么装得出来，钱包明明带了，是钱不够嘛。我也不会装，要不我们就实话实说？

我当时差点被爸爸噎住了，心里想都什么时候了，诚实虽然是美德，可是面子更重要嘛。

这个时候，小姐喊我们结账，我就硬着头皮准备装，一边很热情地说，多少钱。一边在包里胡乱地翻着。

王小京大手一挥，很大声地说，单子给我拿过来，我来埋，哪能让小姑娘埋。

我总算松了一口气，但心里却特别的过意不去，就很不好意思地说，可是你们在帮我啊，我还……

话没说完，就被王小京打断了，小姑娘很不容易，大家都是朋友，我能帮就帮了，如果你不领情，就是不把我当朋友了。

当时，我特别感动，就差在他面前哭了。

回家的时候，爸爸就和我说，娜娃子，你要知道，世上还是好人多，好人也一定会有好报的，所以你也要学习这个大哥，做一个好人。

王小京确实是一个特别好特别细心的人，那段时间如果没有他的帮助，我简直不敢相信我是不是会被生活压垮掉。

王小京是一个让我一生都感激的人。

交完上访信以后，爸爸就要回四川了，可是我还有一段时间要拍戏，我就预支了一些钱订了机票给爸爸，让爸爸一个人先回家，因为要拍戏，我就不能送爸爸了，我就和他说让他回家后先不要太着急，再等上十来天我就可以回家了。

等我晚上回到房子，却发现桌子上有几百块钱和一张纸条。

爸爸说，娜娃子，爸把机票换成火车票了，剩下的这些钱你自己留着花，你也不容易，爸爸坐火车回去就可以了，飞机票太浪费了。还说，你好好拍戏，别担心家里面，爸爸等你回来了咱们全家人一起团团圆圆地过个好年。

当时拿着那个纸条，我哇的一声就哭了，心里特别难过，就觉得爸爸这么大年龄了，我还要让他为我操心，我一定要很努力很努力地加快速度进步，让爸爸妈妈过上好日子。

春节回家的时候，王小京发了我的工资后，又给了我一个信封说，娜娜，过年了，陪家里人好好过个年，不要有什么压力，没有过不去的坎。这个是送给你的红包，一是对你在剧组的认同，二是作为朋友的一点新年祝贺。

那年春节是非常让我难忘的一个年。因为换了一个门，我站在家门口愣是半天没反应过来。进了家里，空荡荡的，所有的电器都没有了，家具也没有了。只有几个爸爸自己动手做的简易柜子。

那一年过年，突然间我好像就看透了世态炎凉，人情冷暖。但是我和爸爸妈妈

依然很快乐，因为一家人在一起健健康康，就是最快乐的。不管是表面的，还是内心，只要我们一家人彼此关心，就一定会过去的，而且我们要用法律的手段来为自己讨个说法。

春节一过，爸爸就让我赶快离开四川，我说我要多待一段时间，或者陪爸爸一起打官司。

爸爸说，他希望我离得越远越好，告诉我当初为什么愿意我去北京，因为当时家里的墙上被写了很大的字，什么父债子还之类的恐吓的话，他怕我有危险。

我没再坚持，因为我知道，我留下来确实起不了太大的作用，反而可能会让爸爸妈妈担心。

离开是为了更好的回来，我发誓，如果我再回来一定是扬眉吐气的。

d

回到北京后，我很快就接了一个戏，叫《幸福街》，那个戏一百多集，一下子让我的收入稳定了。那段时间我一直拍这个戏，爸爸就一直打官司，我每个月依然留一些生活费给自己，剩余的都给家里寄回去。

日子过得简单、充实，我们在希望中度过着一天又一天。

想起来谈这个戏的时候真的是让人哭笑不得，幸福中又带着一些酸楚。

所有的艺人都是由经纪人去谈的，我却是自己谈的，我去找到导演，我说我觉得我适合演这个角色，你一定要让我演这个角色。

导演第一次见到有人这样的，他看着我，眉头皱了下，让我去找副导演，因为定演员角色的事情由副导演来安排。

我不去，我坚持一定要和导演谈，也没有说太多理由，就是很固执地坚持一定要和他谈，很自信地说自己是那个角色的不二人选。导演看到我虽然莽撞，但是还真的是和戏里的女孩很像——那个女孩也是没有戏，自己去找，努力推荐自己的。

导演看到我倔犟的表情终于忍不住乐了，好吧，那就是你了。

定下了角色，我又带着一支笔和一个本子去找制片人谈薪酬。我坐在办公室里旁若无人地算，一集多少钱，如果我先签五十集的话，会拿到多少钱，如果我每个月给家里寄多少，我还能剩下多少。

制片人在旁边都看傻眼了，他觉得我是他遇到最好笑的谈薪酬的，不但没有经纪人，自己主动跑来谈，而且不是用平时艺人谈薪酬的方式——不谈自己在这部戏里的戏份多重和自己的身价时间什么的，就是在那里毫无顾忌地算自己挣到的钱给家里寄完后自己剩下多少，而剩下的钱应该怎么花销，租房多少钱等。

但是我就是这样一个很实际的人，我必须要为自己的生活算计。

算完以后我就说，不行，钱有点少，要给我加一点。

制片人当然不同意了，就和我解释说这个都是提前预算好的等等一堆冠冕堂皇的理由，我就在那里一直磨一直磨，最后他就同意了。

那次，我自己给自己做经纪人的事情在圈里不能算最好也算最怪最奇特的了，后来在剧组都传为美谈了。

反正我就是坚持，自己的事情自己一定努力，自己为自己争取该得的，任何事情，只要有一线希望，我就不会放弃。

娜·食客

NaNaism :: **NaNa**主义 FIVE

饭就像人生，吃饭就是享受人生。▶ 一个人，只有吃饱喝足了以后才能更好地去做事，谁要说饿着肚子干活也爽，我肯定抽他。▶

一个人吃饭，两个人埋单，三个人喝酒，四个人笑。▶ 这就是人生!

美味的菜肴在不断变化，但不变的是由始至终的味觉享受。

铁板牛肉 色泽红亮，“心”软酥，咸鲜微辣，口味鲜美

金牛座是黄道的第二个星座，是“土象星座”的第一个星座，所以也被称为“土象的婴孩”。如同这个名称所示，她是一只不折不扣的“牛”；而且是一头有“金”（物欲）特性，占有欲很强的“牛”。

金牛座的人似乎天生就有忧郁和压抑的性格。当这些累积到顶点时，就会如同火山一般爆开。他们在十二星座中算是工作最勤勉、刻苦耐劳、坚忍不拔的。耐心、耐力、韧性是其特性。

他们相信拥有爱情、美丽与富有的喜悦，是生命存在的证明，也是他信仰的真理，为着这个目的，他们会选择最安全、确实的途径（通常是长期的酝酿和深思熟虑的结论），一旦下定决心，没有人可以改变他们。

何炅总是说我不像金牛座的人，像疯牛座。其实根本不是这样，我实际上是一头非常固执的牛，比如，我在做任何事情的时候都会征求很多身边人的意见。我会不停地打电话或者通过其他的方式，比如我会说，何炅，你觉得怎么办；维嘉，你说我这样做行不行啊；××，你会不会这样啊……

但是这只是我过于要求完美缺乏安全感的一种表现，实际上我心里早就做好了打算，我所谓的征求不过是为了给自己一个踏实或者自我认可。

就是这样，不管是反对还是赞成，所有的建议对于我最后的决定并不能起到很大的作用，因为我在询问的时候其实已经做好了准备。否则，我是不会轻易说出自己的决定的。

同时，我又是一个要求不多的人，很节省也很容易满足，该大方的时候我会很大方，该抠门的时候我也会非常抠门。

我很少去追捧名牌，追捧潮流，就像我现在的生活和我几年前的生活相比，并没发生太大的变化，一样的吃饭，一样的行走，一样的和朋友聊天，一样的会哭会笑。

我从来不会觉得，名牌和潮流才能展示我的身份，平凡、简单、舒服就是最好的。

就像很多人说我根本不像个明星，我就会想到自己小时候也对明星有误解。

明星是什么样的？明星的脸上没有贴标签，明星其实就是你在自己所属的圈子里作出了成绩，受到别人的认可；明星就是你用自己的努力肯定了自己；明星就是一个普通人。

醋溜白菜 酸！麻！！辣！！！脆！！！！

第一次离开《快乐大本营》的时候，我特别难受，我觉得是不是我不能主持了，可是我一直记得何炅告诉我，说我非常适合主持，只是我还没找到一个特别适合自己的主持方式。

我就想，那就等吧，也许会有机会的。

然后那段时间我就去拍戏了，比如《一双绣花鞋》、《风雨西关》。拍戏过程中，我发现了自己的多面性和戏剧性。特别是《喜气洋洋猪八戒》的导演找到我的时候说，他就是想要找一个有喜气，但是又有点漂亮很能搞怪的女孩子，这个人非我莫属。

当时就有些想法，如果，我以后还可以再主持的话，其实完全可以把表演的成

分带进去，非常谢娜风格的主持。

果然，很快地，有个叫《综艺新势力》的节目找到了我，是吴宗宪的制作人，在台湾做的综艺旗舰，那个节目是阿雅、阿宝、吴宗宪他们几个人主持的，特别的受欢迎。

然后他觉得内地的综艺节目都不行，好一点的娱乐节目比如《快乐大本营》，也只是请嘉宾和大牌明星玩玩游戏，根本不能算综艺。而台湾的综艺节目已经到了插科打诨、互相搞笑、调侃、互贬，非常平民化的阶段了。

现在他想在内地做一个综艺节目，在内地找一些可以做综艺的新生代的主持人。然后就通过人找到我，说觉得我可以做好一个综艺节目的主持人，问我愿意不愿意。

我特别的开心，但是又有点不敢相信，我就说真的假的，大家都在骂我啊，说我只会傻笑。

他告诉我我可以的，只不过没有一个节目形式适合我，而我自己也没有找准自己的位置，不知道怎么做才是最好的。他说以前看过我做的两期节目，当时就觉得这个女孩挺疯的，很适合做综艺，是个可以调理的料子，只不过没有人带，可惜了。

我想到何炅也说过这样的话，我很喜欢主持，有这样一个机会，不尝试怎么知道自己行不行呢。

就签了这个节目。

签了以后，制作人一边让我准备，一边给我找搭档，他说要找一个适合和我搭档的男主持，找到的话就会是一个非常好的节目，制作人说他一定要找到也一定能找到一个最适合的男主持的。

我好希望他找何炅，但是又觉得自己的身份可能不太适合推荐别人，不过当时我自己私下盘算，觉得他找何炅的可能性很大。过了一段时间，他告诉我，找到了，果然是何炅。我特别特别开心，因为我一直都把何炅当成自己的一个大哥哥，非常希望能和他搭档的，而且他确实也做得很好。

这个节目做了一年多，我和何炅的默契也在那段时间培养起来了。比如以前做节目都是提前有稿子的，像我这种经常忘词的人，就会觉得束手束脚的，反而做不出来效果。现在节目中间有很多都是即兴的东西，没有了稿子，反倒做得很好。导演也说，你绝对是个综艺节目的奇才，只要你坚持下去，可以做得特别好。那段时间很多即兴的东西对我帮助非常大，包括台湾的吴宗宪他们过来，我们会聊一些综艺上的东西，使得我进步特别大，加上制作团队也非常的有经验。那段时间对我做综艺节目是一个很大的锻炼。

但是，我们节目有一个缺憾，就是做得很好，看到的人也都非常喜欢，可是发行的渠道不好，所以没有很多人可以看到，后来也就停了。

可能生活就是这样的，不可能每件事都非常完美，但是不完美的事情是为了以后的完美而作铺垫的，坦然地面对每一次缺憾，迎接下一次挑战，是我们节目停下来的时候我明白的一个道理。

绝望生鱼片

人家说，上帝给你关上一扇窗的时候就一定会给你打开一扇门，果然是如此。

这边刚刚停了没多长时间，《快乐大本营》那边就来找我了。因为那时候有很长一段时间就何炅和维嘉在做着，没有女主持，可是突然“和路雪”要加一个专场，是那种家庭游戏的方式。“和路雪”那边就说，我们要做专场，一定要有一个女主持，而且一定是要撒得很开的那种。

何炅就说，那很简单，谢娜最适合不过了，以前也合作过，她对《快乐大本营》也有些感情，这中间我和她也在其他节目上合作过，她现在进步很大，这个主持非她莫属了。

台里还是有点担心，就说，可是她的条件也不能做一个长期的主持啊，必须要找一个可以长期主持的，如果找不到合适的，不如不要。

何炅就说，谢娜可以先暂时代替一下啊，毕竟不能没有女主持嘛，如果觉得她好，就留下，觉得不好，再慢慢找新的也可以啊。

就这样台里才说定了，让我暂时回《快乐大本营》去。

何炅给我打电话说，娜娜，你可以回《快乐大本营》了，和我还有维嘉三个人一起主持，是“和路雪”的专场，你要加油哦。

我一听说，哇，太好了。这次一定要好好表现，能和何炅、维嘉再次搭档，非常非常的开心。

可是毕竟“和路雪”是个运动类型的节目，和现在的“勇往直前”差不多，就是在旁边会喊些“嘿”“加油”“朝前冲了”之类的话，只是能表现你主持的一个状态，台里面并没有看到我在综艺节目上真正的一些东西。

后来，十期节目以后，说是《快乐大本营》到了一个需要改制的时候，之前节目的形式该换换了，现在是个新综艺时代。

可是，具体怎么做，也没人知道该换什么，后来就说，那就先从主持人开始，让主持人PK，这可是中国历史上第一次名人PK。

然后《快乐大本营》PK，本来以为只是何炅和维嘉两个人的事情，但有一天台里，突然问我，娜娜你愿意加入吗？

我特别奇怪，我就说，怎么可能？我根本不是他们的对手，怎么比？他们在《快乐大本营》待了那么久，我才刚来，而且都还根本没有说真正要我来，现在又突然让我来参加PK，开玩笑呢吧。

他们就说，很认真的，而且如果可以，观众认可的话，你也可以留下来。

我就问那留几个啊。

他们说留一个。我当时眼珠子瞪得老大老大的，死命地摇头说，我才不去丢那个人，何炅和维嘉随便留一个也轮不到我，我算哪根葱啊。

后来也不知道什么原因，我还是答应了。我心里想，怕什么啊，本来我能和他们比就是一种荣耀了，而且这么久了也没有一个机会让观众真正了解我。现在好了，至少还有个好机会让我盛开一下再走。不然我还没开花呢就谢了，多没意思啊。就当是体验吧。

那段时间，特别是做我的专场的时候，大家压力都特别大。因为本身大家和观众其实并没有真正认可我，现在让我单独去做根本不知道能不能撑起舞台，可是每个人都必须要有一场单独的拉票会，所有人都替我捏了把汗。

好的是，那一场我的唱歌、跳舞、主持都给大家留下了一个特别深的印象。从来没有人看到娜娜穿着旗袍跳舞，也从来没有人看到娜娜跳发条娃娃的舞，包括主持。而我，也从来没有像那一天那么投入，几乎是忘记了自己是在拉票，即将要离开这个舞台了。维嘉还去了中江，录了我家里的一些VCR，大家开始了解到我的一些情况，很多人之前根本不了解我，只是看别人骂我他们也跟着不喜欢我，那场后，就有很多人开始喜欢我了。

尽管那场结束后就宣布我和维嘉离开，何炅留下，但是我还是非常非常的满足。在后台，我们三个人在会议室里抱头大哭，台里的领导也都来了，想安慰我们，看着我们的样子也不知道说什么，就只有说了些继续努力的话。我们当时特别难过，就想为什么要有这样一场比赛呢。

走的时候我们一起唱了《勇敢》和《分享》。

我们认定，和你分享的快乐，就是彼此拥有。何炅说，相信自己，总有一天我们会在一起的，暂时的离开是为了更好的相聚。

这次PK中，我们建立了特别好的友谊，甚至可以说是那个过程造就了我们的感情。其实朋友就是这样深入的，在互相较量中成长并且相互信任。

水煮牛肉 后味无穷

离开《快乐大本营》后的刚开始时间特别不顺，我好像一下子就跌到了谷底。

离开的第二天，所有的报纸媒体都说，维嘉、谢娜下岗什么什么的。当知道我下岗后，原来定的找我的很多节目都没了，就变成了说既然别人都不要，让下岗了，我们为什么要啊。

还有维嘉，本来有一个代言都定了，结果下岗后也就莫名其妙地没了。

这些都还不算什么，外界还有人乱传说我们是在炒作，看到那些新闻后我特别心酸，谁愿意拿自己下岗来炒作啊。

我特别难过，甚至有些懊悔，我就想我为什么要参加这个该死的PK啊。我从离开《快乐大本营》到《综艺新势力》然后再到《快乐大本营》，这中间，我经历了多少，这么辛苦的就是为了让大家知道我。而且这中间我也在中央电视台主持一个益智节目，可是因为这个PK，连我本来的节目都没有了。

那段时间，就觉得走到哪里人家都会说，下岗了，哦。这个主持人是下岗的谁谁谁。

说实话，我根本没想到结果会如此惨烈，我虽然想到我会走，可是我没想到居然会有这样的连锁反应，我走了以后居然会影响到让我什么都没了，甚至连一些活动也都不能接，节目都不能做了。

那个时候特别感谢光线，他们来找到我，我开始做光线的明星访谈节目，做一些娱乐中心、娱乐播报节目。那个时候就觉得只要给我一个舞台，我就可以做。

不过，尽管很难过，还是很感谢《快乐大本营》，离开的时候就说，如果需要我

做的，我依然还是会做的。包括再选新主持人，我和维嘉也都一直关注，偶尔会帮忙出点主意什么的。

只有一个想法，只要《快乐大本营》好，我们就好。因为我曾经在那里工作过。

于是，维嘉就一直待在长沙，我就一直待在北京。找一些有的没的工作，拍一些有的没的戏，或者偶尔客串一些节目。

刚起来一点，就掉到了谷底，那种感觉就好像本来挺暖和的天，突然有人哗啦冲你头上浇了一盆冷水，让人措手不及。

我觉得自己挺坚强的，好像已经到绝境了，但是我依然能够快乐地面对生活，我觉得自己需要给自己找点乐趣，然后我开始记录我的生活，写了我的第一本书，我想把自己快乐的东西跟大家一起分享。

可是我觉得吧，人生就是这样，你有失去，就有得到。

就在那段时间，华谊音乐的老总，还有其他几个唱片公司的负责人突然都来找我，说要给我出专辑。

我就说真的假的啊，不可能啊，开玩笑吧。我能出专辑，凭什么啊。就觉得肯定是在拿我开涮。我都下岗了，而且我又不是歌手，那么多歌手想要出自己的专辑都那么难，我怎么可能呢。

我这个人就是这样，总是自己不相信自己到底有多大的潜力。

结果他们非常认真，连着找了我几次。还说他们看了我单独PK的那一场，说我在台上跳舞唱歌，有中国的女歌星里没有的那根弦，非常放得开，最重要的是很有那种塑造感。

我还是一直不敢相信，他们走了以后我还偷偷地把自己的胳膊拧一把，没错，疼，看来是真的。

中间和几家唱片公司都聊了一下，他们的想法都非常好，可是就是时间上没有具体的安排，所以我还是有点迟疑。

华谊的袁涛就说，我们今天就签你，年底就出专辑。

我记得当他说完这个话以后，我是有几分钟脑子一片空白的，觉得太不可思议了，我的人生计划里面从来就没有出专辑这一说，真的是有失必有得。所以到现在都是这样，遇到什么失去的事情，我一点都不怕，我觉得一定会有好事在后面，心态吧，看得非常开。我失去了一个机会，另一个机会就找上门来了，上天真的很公平啊。

我就说，好啊好啊，什么也没想，脑子一热就签了。

整个过程就像一场梦一样，连回味都是那么仓促不能让人相信。

当然，梦总是要醒的，不能老是沉浸在美梦当中，醒来后，我就觉得如果真的要出专辑的话，肯定不像我想的那么简单了。

我应该丰富一下自己，就专门去找了声乐老师，准备好好地练一下，既然要出，就要出一张好的专辑，要么做得很好，要么不做，绝对不能浑水摸鱼。

老师说，其实你唱得很好，很有感觉和自己的风格，但是你不会用气，包括换气呼吸是要注意的。然后老师就教了我用气，而且提醒我如何保护嗓子。

尽管已经签了合同说要出专辑了，但是还是有很多人都为我捏了一把汗，因为在他们心目中我应该是那种五音不全，要靠在录音棚里后期制作的MV型艺人。结果录专辑那天我让所有的人都大吃一惊，整个过程非常的顺利，大家都觉得我进步太大了，不是一般的大。

其实，我觉得最重要的是我自己想得很清楚，我知道我唱歌本身并不是很好，但是我是很有自己特点的，并且，我想通过这张专辑传达的并不是说谢娜是歌手，而是一些挺快乐的感觉，娜式快乐的味道。所以在录歌的时候，我会加很多随意的东西，包括录着录着说两句话啊——像《菠萝菠萝蜜》里面那段话，都是我临场说的。因为《大话西游》我太熟悉了，就临场学了紫霞仙子和猪八戒。

用自己的方式去诠释自己的音乐，以及用快乐的方式来唱出快乐的人生，这就是我，谢娜的专辑。

二锅头 不能说的秘密

在录这张专辑的时候发生了很多很多好玩的事情，包括我认识了阿牛，和阿牛成为了非常好的朋友。

我请阿牛给我写了《你是我的宝》这首歌，开始的时候，他写了一点词，然后在我到录音棚以后，他说有很多词需要我们两个人在现场碰着来。

我觉得又吃惊又兴奋，我说，我都可以写词了啊，太好了。

结果我们就真的碰出了很多好玩的东西，所以《你是我的宝》都是现场来的。录完以后，我特别开心，不停地说，哇，我可以写词了，经过了这次，我马上要写一个自己单独的词。

阿牛说，当然可以啊，你其实很有才的。

我这个人呢是经不起夸奖的，阿牛这一夸我就找不到东南西北了，就真的觉得自己已经很厉害了，是一个非常优秀的创作型歌手了。同时，为了感谢他的夸奖，我就说，那这样，我请你吃涮羊肉，北京涮羊肉。

然后我就跟唱片公司的几个人请阿牛还有他们公司的去了北京涮羊肉，找了一间小包房，一群人在那里开庆功宴。

中途，阿牛突然问我，娜娜，你知道二锅头是什么东西吗？

我就找服务员拿了一瓶二锅头给他看，告诉他，二锅头是北京的一种酒，只有北京才有，让他喝一点尝尝。

他说他不敢。我就白了他一眼，说一个男子汉居然连酒都不敢喝，还很爽快地吹牛说，只要他敢喝，我就陪着他喝。

其实我根本不敢喝，因为来北京第一天，我不知道二锅头是什么东西就把它给干了，结果狂醉，吐了两天，从那后就再也不敢喝了。

可是，那天，我为了刺激阿牛，就和他这样说了。结果，他就真的决定喝了，我骑虎难下，也就陪着他开始，我们两个人就拿着二锅头的瓶子互相碰啊，干啊。

最后，我居然失忆了。

¦ 差不多到了第二天凌晨五点钟的时候，我醒来了，发现我在自己家的床上，我搞不清楚怎么回事，因为完全记不得，我发了个信息给阿牛，问他昨天不是去吃涮羊肉了吗？怎么我会在自己家里啊，难道我记忆出了问题？

¦ 到了九点多或十点多的时候阿牛给我回了信息，只有一句，你干的好事。

¦ 我特莫名其妙，我说我怎么了啊，你说清楚。

¦ 结果阿牛就再也没理我了。

¦ 后来，大约到了下午，我估摸着大家全部都醒了，就问那天晚上一起去的公司的杨大哥。

¦ 他先是笑了半天，然后死死地盯着我问，你真的什么都不记得了？

¦ 我很无辜地说，我是什么都没记得啊，到底出什么事情了啊，阿牛哥怎么那么生气呢。

¦ 他就说，是这样的，我当时特别的高兴，就喝多了，还没开始吃涮羊肉呢，我就和阿牛两个人空腹喝高了。别人说我醉了，我就很帅气地挥手说，我告诉你们，我没醉。然后我就指着每个人不停地说，他是谁，他是谁，他是阿牛的同事，他是阿牛。

¦ 我当时就蒙了，我说完了完了，丢死人了。

¦ 杨大哥看着我尴尬的样子笑得前俯后仰，冲着我笑得说话都喘不过气来了，他说，还没完呢。你接下来啊又跑到涮羊肉店的大厅里面说，现在呢，我要给大家表演一个节目，就是我的演唱会。然后就站在那里开始唱，一会儿唱阿牛的，一会儿唱你自己的，一会儿唱别人的。所有的服务员都在看着你，唱完以后，你很大声地很有礼貌地说，谢谢大家来我的演唱会。然后跑到阿牛耳朵边一直讲话，一直讲话，讲一会儿，就打他。

¦ 天哪，我说真的假的啊，为什么我一点印象都没有啊，完蛋了，我死定了，以后怎么出去见人啊。那我讲了什么啊。

¦ 杨大哥说，不过你唱得真的是很好，我从来没见你唱得那么好过。但是至于你和阿牛说了什么，就只有阿牛知道了。

我那个时候有些心虚，但是又很好奇我到底说了什么，想了很久，决定还是给阿牛打个电话，问他我究竟跟他说了什么。

结果阿牛接了电话横头就冲我一句，你自己心里清楚，还好意思问我。

我也不开心了，一大清早每个人都冲我这样，可是我到底怎么心里清楚了，我根本不知道他们在说什么。我就冲阿牛说，你说话能不能说清楚啊。

阿牛气呼呼地说，等你专辑销售庆祝会上的时候，我会提着一瓶二锅头把你的话公布给记者，还有把我的胳膊展示给记者看，你把我胳膊都打肿了，一直打我一直打我，太过分了！

听到这话，我就觉得有些不好意思了，我就说，阿牛哥，我打你是我错了，你别生气了，改天我给你赔礼道歉。可是你不要再和我提二锅头了，我现在听到二锅头就头炸。

他说，你也不要再和我提二锅头了！就挂了我的电话。

然后我就提着包准备出去，不管怎么说，先找到阿牛他们解释清楚。结果我发现包非常重，打开一看，我马上就吐了。里面居然是一个二锅头的瓶子，上面还有阿牛的签名，上面写着：你是我的宝，阿牛。

我觉得我都快要疯了，我不知道到底发生了什么事情，可是什么都又想不起来了，一想我的头就像要裂开。我还不敢再给阿牛打电话了，怕他又冲我发脾气。

那几天，我几乎不敢出去见人，不敢看到那天晚上一起出去的人，怕见到别人他们就会笑话我。

后来，阿牛才告诉我，那天晚上我说要和阿牛互相留个纪念，我就给他签了两个瓶子的“你是我的宝，谢娜”。阿牛给我签了一个瓶子的“你是我的宝，阿牛”。

然后我就顺势问他说，可是，我究竟跟你说了什么啊，你那么愤怒。

他说，这是一个秘密。

不管我怎么苦苦哀求，他都是这句话，我最后就说，阿牛哥，你要是再不告诉我

我到底说了什么，我就和你绝交了。

阿牛非常冤枉地告诉我，那天晚上我一直就跟他说，阿牛哥，我跟你说个事情，这是个秘密，你一定要保密啊。说完以后就打他，让他保密，还说什么我当他是好朋友才告诉他的。可是一直到最后，他的胳膊都快抬不起来了，我也没说出秘密是什么，就是一直说，这是一个秘密。

我和阿牛的友谊就是从这个时候开始的，我们都是那种很快乐的人，他觉得我是他遇到的最奇特的一个女孩，后来不管我遇到任何事情——包被抢了，空手而归；被流言困扰了；包括这次地震，遇到任何困难的事情，他都很快打电话过来，关心我，安慰我。

我特别感动。现在阿牛在马来西亚拍了他导演的第一部电影，请大家多多支持呀。

那是一段很快乐的回忆，后来，我在我自己的《天那》里就讲的就是这个故事，那首歌说，阿牛酒量比我好，说的就是这件事情，他没喝大，我竟然喝大了。

后来专辑出来后，效果特别的好。

专辑是把我的快乐用唱歌的方式来表现了，也让我也明白了，只要是表达了快乐的东西，就是大家喜欢的，只有让别人快乐，自己才会快乐。

弹簧菜 百味杂陈

这个时候，《快乐大本营》的很多观众提出要求我和维嘉再回去，可是这个时候《快乐大本营》已经有了新的主持了。节目组就说，已经都走了，不能说你又当主持人再回来。就给我和维嘉安排了一个席位，叫做“嘉娜评审团”，就是搬个沙发让我们坐旁边，每期都在旁边看节目。

我怎么也不能理解，就问，叫我们回来就是看节目啊，那我们回来干吗啊。

负责人就解释说，如果我们看到中间觉得有什么好玩的，可以和观众互动的，可以冲上来，如果没有好笑的，你们就在旁边看。

我和维嘉就有点抵触，觉得这样有些奇怪，我们动不动就冲上去算什么啊。

可是后来，我想了下，《快乐大本营》是我从来没有主持过节目的时候，第一次把我推上舞台的地方，能为它做什么都可以。维嘉也这样想，我们就同意了。

如果说《综艺新势力》让我找到一条主持的路子，锻炼了和何炅之间的默契，那这段时间，就是让我主持功力真正长进了的磨炼。我坐在旁边看他们主持，自己必须要找机会才可以上去表现自己，而且这种机会如果不好笑的话还会被剪掉，所以我必须要找准一定是观众觉得好笑的时机，那段时间让我知道了什么是观众喜欢的东西、好玩的东西，什么是随意的玩笑和轻松的插科打诨。

可是，毕竟是坐在旁边的，总是不能人家主持人在讲话，你觉得插一句很好笑，你就跟上去讲，其实我还是有些难过的。私下里对新的主持，吴昕和海涛也没有表现出特别的热情。(现在觉得自己当时小心眼，请谅解哟，但坐在沙发上看主持的心情是我到现在都记得的最难受的状态)

大概就这样过了一段时间吧，在和何炅讨论怎么把节目做好的时候，我就说，只要为了节目好，那我什么都可以做。说完这个话后我突然就觉得，其实吴昕和海涛来也是为了节目好，我们这样做也是为了节目好，主持不主持其实无所谓的，不管是我们坐在沙发上做“嘉娜评审团”也好，站在台上做主持人也好，我们的目的只有一个，就是努力把节目做得更好。

接下来，就真的认为吴昕和海涛是弟弟妹妹一样，他们很可爱，很努力，而且平时很多时候都比我细心，我会加油的。

这个时候，观众就要求，说娜娜和维嘉不能只是“嘉娜评审团”，这样太委屈他们了。

有一天，《快乐大本营》告诉我们，要成立快乐家族，《快乐大本营》找到我和维嘉谈话说，我们虽坐在沙发上，但我们上去互动的环节收视率都很高，观众也很喜欢，要求我们回到台上主持。我们开心地抱在一起又哭又笑了起来。

那天，是我舞台生涯最开心最快乐的一天，我和维嘉特别感谢观众，因为就是他们的支持，才让我们有了重新站在台上的机会，所以我们特别珍惜在台上的每一分钟。这段时间我要谢谢维嘉，他让我学会忍耐，学会包容。我们快乐家族齐心协力，《快乐大本营》的收视率一下子就冲到全国第一的位置，《快乐大本营》冲出了低谷，创造了综艺节目十年的奇迹，我们和节目组在那一刻都明白了，我们其实是一条心，要把这个节目做好。到现在只要《快乐大本营》播出几乎都是全国第一的收视，我们也拿到了最受观众和网民喜爱的综艺节目奖。

从那以后，就有了快乐家族，而《快乐大本营》的收视率更是从此一路飙升，并一直保持着常胜将军的位置。

成功就是这样的，需要大家都快快乐乐地一起努力、共同进步。把你身边的每一个人都当成是你的亲人，你也就会得到亲人般的爱。

娜说·流言

NaNaism :: NaNa主义 SIX

流流散，根本没有约束。▸ 言，谎言，随意瞎编乱造。▸ 流言，是这个世界上最伤人的武器。没有形状，没有颜色，没有气味，总是在你没有防备的时候刺到你，空穴来风的东西不需要任何说明，无形之中它便可以伤到你与周围的人。▸ 可是，那毕竟不是真实的。

我不会选择逃避，我会坦然面对。

快乐有一箩筐，绯男绯女就有一箩筐

都说娱乐圈是个大染缸，只要你进来了，就算不变色，也会被染得乌七八糟。其实，并不是娱乐圈本身的问题，而是大家看待娱乐圈的眼光太有色了。

本来一个子虚乌有的东西，在平常普通人身上，可能传两天就过去了，但是在娱乐圈里就会出现这个那个的炒作，最后，谁也说不清楚到底这中间一开始是个什么情况了。

我一直觉得，传闻就是供大家娱乐，使人无聊的时候笑几声。既然有人去制造，就会有人去关注。

说实在的，我自己有时候也会去关注八卦，因为我觉得那是一件很好玩的事情。

像我自己，平时是一个很随性的人，非常的“假小子”。身边的异性朋友也非常的多，我们是那种很铁的哥们，经常没事就通电话，见面就一定会去疯玩。所以绯闻就很好传，简直是随时随地就传出绯闻了。

娱乐圈的流言是避免不了的，本来大家只是非常好的哥们、朋友，可是从有心人嘴里传出来就不一样了。

就像是胡歌，朋友生病了，我飞去香港看他是天经地义的事情，在我看来只是作为哥们会做的事情，报道出来就与事实截然不同了。

当然，怎么说怎么写是别人的事，怎么玩怎么看是我们的事，我依旧会很快乐，不会因为流言就失去一个好朋友，心中坦荡交朋友，流言就算一千分贝也没有杀伤力的。

就像那次，之前是何炅一早就约了说要看电影，还要吃晚饭。可是我爸爸妈妈来了北京，一想爸爸妈妈来北京也没有太陪他们转过，带上他陪爸爸妈妈逛街看电影也挺好的。于是我们又打电话约了些在北京的朋友。

结果，赶巧的是，聂远刚刚拍完戏回北京，父母也都来了，他刚好和父母在东方新天地吃饭。大家就约着一起看电影，他就又喊了一些朋友。

因为都是好不容易才能聚在一起的，能在一起玩当然就在一起玩了。

一大群人就浩浩荡荡地奔赴着去看电影，非常非常开心。

到了电影院门口，就碰到了一个认识的人，当时我还没反应过来。

聂远就说，看着吧，这是肯定会去传的一个人，明天有的没的就出来了，刚好，你的父母，我的父母都在。

我就说，为什么啊。

聂远就笑我太单纯，因为那个时候何炅啊其他的朋友都可以忽略不计的，二老都在，就可以证明一切了，这就是流言规则啊。

不出所料，第二天我就收到一些朋友莫名其妙的短信，问一些很微妙的无聊问题，什么最近在干吗啊，和谁在一起多一点啊，等等。

没过两天，就人尽皆知了，传得像风似的。

而且没有想到有人还会把它编得越来越玄乎。

最好笑的是，都已经传成这样了，我们两个当事人还不知情，不知道究竟是传出了一个什么样的神话传说。后来爬到网上才看到很多人让人啼笑皆非的编写和分析，我觉得很好笑很离谱，不过我和聂远处理得都比较好，我们根本就没有回应传闻。因为你就是一个娱乐人物，别人要怎么写就怎么写，你不能因为这些影响到你的生活，

我们照常跟朋友一起玩。

我和聂远打电话就互相嘲讽。

喂，绯男，你知道最近我们进展到什么地步了吗？

喂，绯女，你在哪儿呢？听说我们最近又有进展了，是不是啊？

我们会把这些传闻当成一个笑料，不会影响到各自的生活，也不会影响到我们之间的友谊。

那件事情本身对我并没有伤害，只是在这场闹剧中比较无辜的是我和聂远那只有在电影院隔着好些人看了一场电影的双方父母。

比较难过的是在这件事中一个我原本以为是朋友的荒唐的言行，到现在我也宁愿相信是其身边人所做的事其并不知情。

那时我在想一个问题。

友情和利益哪个比较重要？

我想我会选择友情。

利益是一时的，友情却是一辈子的。

我现在就特别注意，如果不是很好的朋友，那就尽量避免见面吧，最好是连碰都不要碰一下。但，如果是好朋友，我随便别人怎么乱造。因为好朋友终究是好朋友，是任何流言蜚语都瓦解不了的，最多两个人见面的时候互相调侃下对方是绯男绯女。

为了不被这些传闻所利用（一个巴掌拍不响），所以我要做的只有一件事：沉默。

我想沉默是最好的方式，再咄咄逼人的假象碰到了它也会退缩。不靠谱的传闻一定寿命不长。

替身有多善良，我就有多无辜

拍《壮士出征》的时候，有一个男孩给我做替身，拍最后一场的时候，他替我有一个往后翻的动作，结果上面有东西掉下来，当场就烧着了他的头，赶紧就送去了医院。

那个时候我正从A组转B组，恩泰也在现场。我看到他那副样子，忍不住就哭了，不知道怎么办才好，他毕竟是替我做这个高难度动作才受伤的啊。

恩泰他们都和我说让我别太难过了，没事的。

男孩还让人给我捎话，反过来安慰我，说是自己的责任，说自己工作失误，才出了这个问题。

当时，我就特别着急，说赶紧拍完，拍完就去看他，我让助理买了一些水果先到医院去，而且因为白天还在拍戏，所以只能晚上去短暂地探望下他。

回来以后，我和恩泰，还有几个演员非常难过。

我说，替身真的非常伟大，荧幕前根本看不清他的模样，而且也不会有人知道他们，可他仍是尽力地去做好这份工作，他做了那么多的事情，我这个角色的成功和他有很大的关系。

当天晚上，我跟恩泰就这事聊了很久，他还给我喝了点他的红葡萄酒。回房我就发了一个博客"向伟大的幕后英雄致敬"。我想要告诉大家这样的事情，所有的作品背后都有很多这样的幕后英雄，我们应该向他们表示敬意，感谢他们。

我就是觉得我必须要说出来，如果把这一切憋在心里，我会很难受。

写完后我自己看了遍，觉得OK了，把自己想要表达的都表达出来了，希望很多人看到这篇博客以后更尊敬那些辛苦的替身们……我唯一没具体写的就是他的名字和详情，第一伤势没确定有多严重，第二万一他不想告诉家人我就不应该给别人说出来让他家人担心，我只是讲了我对这件事的感触，不涉及任何人。

这一切只是我个人的感慨，可是，有一天，我听朋友说有一个人写博客说关于谢娜的炒作事件，其中就有说替身这件事情，说这些肯定是我编的，因为不详细也没有后续啊什么的。

我觉得很奇怪也很好笑，我不知道他们到底是怎么想的。难道我非得要说，我去看他，然后拍个照，耶；送苹果，耶，拍一个；送巧克力，也拍一个，再发博客，看这就是后续。再说了，我写的是博客又不是连续剧。

我只是想要表达自己对他的敬畏，那么大一个剧组，现场工作人员和演员都知道，我为什么要去编造这样的谎话？如果这一切都是编造的话，我还会有朋友吗？剧组里的所有人，会怎么看我？觉得这是一个什么人啊。

再说了，我为什么一定要有后续呢，真正的感慨，不就是一瞬之间想要表达的事吗？

如果您真的很关心他我就告诉您：他出院后没有继续拍戏因为需要休养，他来现场看了我们，白了胖了些。现在《壮士出征》热播了，收视率很高，我每一个往房子上跳和从房子上往下跳的，还有很多惊险的镜头都是因为有他非常完美地替我完成。特别特别谢谢他……至于他现在生活怎样，在哪里，有没有女朋友这就靠关心后续的您去了解了。

这件事教育我，有些感慨就写在自己的日记本里就好了，不是每一个人都能正常地看待每一件事。

为什么，为什么，为什么掉包了

我想掉包事件大家一定不陌生。

那次，我的东西被抢了。我的电脑、演出服、一些证件，还有公司李总的身份证包全丢了，只剩下一个化妆师的化妆箱。

我们立刻就在地县上公安局立了案，公安局长、副县长亲自过问此事，现场还有一个《华西都市报》的记者老杜，还有其他的记者，这个事情现场的人都是知道的，可是从来没有从我这里传出去说我被抢了什么的，因为我觉得对当地不好。本来当地也就是那么一两个人做了这样的事情。但是传出去的话就会被人家说当地的治安什么的。所以我也不太愿意接受访问什么的。

第二天，我跟逃难的一样，直接到了长沙。

真的是什么都没有，天气特别冷，我穿着很薄的衣服狼狈不堪，长沙朋友尹峰送了一件她的风衣给我，何老师送给我一个包，李好还要给我钱，被我拒绝了。

那时就觉得很温暖，虽然很落拓，可是还有这么一大帮子朋友挺你帮你。那一整天过得好像梦似的，晚上的时候还惊魂未定。这绝对是一件大事，很快大家都知道了，很多朋友都关心我，阿牛还有很多朋友都打来电话慰问我，后来我一直避免提到这件事，更不愿提具体在哪里，记者想要访问也被我给拒绝了。我不想多提因为我想这事已交给警方，他们很努力认真地在破案，我能做的是等待。

我没有想到的是，过了一段时间，网上就出来说关于谢娜掉包事件，是谢娜根本没丢包，是在炒作、在炒新闻。

流言来得那么快，打了我一个措手不及，简直莫名其妙。

我丢了东西，已经是个受害者了，还有人没事做为我编故事。白纸黑字在当地的公安局都立了案，却还有人说是炒作。我当时火大得不行，本来就是一件很窝火的事情，现在我还要被说成是炒作。

当时这些接二连三的事情，让我的控制力到了一个顶点，我觉得自己已经快承受不了了，我是公众人物，做任何事都是摊开来的，让大家看得到有据可查。你们躲在一个阴暗的地方来替我编写我的故事，累吗？光明正大地站出来说，就是好样的。

现在回头去看这些，我觉得很好笑。我为什么要在乎这些呢。清者自清，我根本没必要去在乎这些莫须有的事情。

作为一个公众人物，不管你说了什么，做了什么，只要别人想，都能把你扯到炒作上去，人正不怕影子歪，我自己问心无愧。其实根本不需要去在乎，你越在乎别人越觉得有漏子可钻。

我慢慢学会对待流言最好的办法就是：冷漠。

三项注意，八大纪律，不可逾越的底线

有一次，四川一个杂志说要了解我小时候的事情。他们要采访我的父母。家人知道后很热情地接待了这个杂志的记者，这是他们去了我家之后我才知道的，因为当时我在拍戏，经纪人答应了。当时我只知道，这个杂志也有记者来北京采访了我，我觉得还靠谱。那期确实出了一版关于我小时候成长的一些事情，可是第二期就以我爸爸的语气捏造了一些东西，关于我为什么分手。

都过去了两年了，我每天都很忙，大家随时能在电视上看到我。我根本不需要拿这些东西来说，朋友们也都知道我很忌讳别人提这些。

他们就说我爸爸说的怎么怎么样，我觉得我的底线就是我的家人。

照理说不应该艺人自己打电话的。但是我当时就给那个记者打了一个电话，我说，你是一个新来的记者，我爸爸妈妈两个老年人很相信你，你说要采访我小时候的事，他们很热情地接待了你。你不应该这么去伤害他们，我希望你对你所做的事情负责。

我说完以后，她马上说，对不起。我没有写这样的东西。我只是有一点沾边的事情，但是我没有写这个。只是被有些人不停地夸大夸大夸大，就变成了现在这样。这也不是我们的初衷，我是刚刚做的，可能我少了一些经验。被其他人所夸大曲解了，不好意思。

最后，说他们主编觉得抱歉，会在下一期杂志专门写一篇申明为这件事道歉。（这个杂志在下一期出了个申明：对上一期杂志曲解了我爸的意思，诚恳地表示歉意，对这个杂志我也表示谢意……可是好像大家并不关注这个申明）所有人都喜欢看那些精彩的虚假，不在意其中伤害了别人。大家更喜欢看那些有的没的，所以其他报道就开始使劲地编造。更过分的是，有记者还打电话给我爸爸，一定让我爸爸承认这些事情，并且他还把电话都录下来了。我当时正在拍"射雕"，在现场听到这个消息后立马就哭了。我觉得特难过，这事牵扯到了我爸爸和别人，给他们都带来了的很大麻烦和伤害。

这次我无法保持沉默，我忍不住必须要作出我的抗议和反抗，我不想伤害任何人，所以我写了一篇博客，求他们放过我们，我的家人，我曾经的感情。我们分手以后，我从来没有就我们为什么不在一起说过任何话。觉得这是自己的事，干吗要向媒体说。可是不停地有人来歪曲、猜测、编故事。自己编就算了，为什么要扯上我的家人，将心比心，你们也有父母，不想他们清清静静地生活吗？我自己说出原因，那些喜欢乱编的人应该闭嘴了吧，这中伤我们友谊的传闻不要再继续下去了。

我觉得可以打了一个句号，这事可以到此为止了，以我当事人的身份我都说了，那就是OK了。

写完之后我觉得，一切也该尘埃落定了。

我没有想到的是，第二天又有人跑出来说，一定是我自己炒的这事，因为我的反应不对，这么大的事，以我的性格正常反应是骂人和砸车。但我却用的请求，所以这事一定就是我炒作出来的，而且是和家人一起策划的。

无语了。

难道你们非要逼得艺人去做这样的事情，这样才是正常的事情吗？良心，很重要。我的博客就是在让这些传闻画一个句号。也是用一种礼貌的方式说：闭嘴！

这件事情，不仅对我，特别对我的爸爸妈妈伤害很大。在这次之后，任何媒体再要求采访他们，就连有一些采访我都同意了，跟爸爸说了，他都一口拒绝了。他心

有余悸地说，我不要跟媒体说任何话，我不要和媒体有任何接触。

这样的压力，对他们来说太沉重了。

他们是在一个特别简单的生活圈子里。他们不愿来北京，不愿有那么多复杂的东西。他们喜欢住在一个很小的县城，过很简单的柴米油盐的生活，偶尔妈妈跳个舞啊，爸爸给人家编个小品啊什么的，再有亲戚朋友在身边拉点家常。他们就很满足很满足了。

我不希望去打搅他们，不希望他们卷入任何是非之中，更不希望他们会受到任何来自外界的伤害。

我想每个人都是最爱自己的家人，所以尊重自己家人，也要懂得尊重别人的家人，不管是什么职业，您也会被尊重。

我生命中，最爱的是我的家人。

家人永远是我的底线。

不靠谱的调味剂

何老师曾经跟我说过，疯狗咬了你，你不要咬回去。

我这个人对待事情可能还比较冲，比较会惹是生非。但是何老师是一个非常平和的人，可流言照样会上门来找他。我想说，何老师这十年，他一直在为娱乐事业和制造快乐做事情，没有人有权力去伤害他。

现在网络上甚至社会上有一部分人，靠的是满足大众的眼球。大众们并不了解娱乐圈，会觉得无风不起浪。而事实是，何老师没惹过任何一个人，没做什么伤天害理的事。那些人平白无故地从天涯或者谁的博客弄一个什么东西就去伤害何老师，虚拟一个人们根本不认识的人去污蔑他，甚至还津津乐道地把这些事当做茶余饭后的热点来讨论。

娱乐圈的是是非非，不是靠一个人一句话就能概括的。身在圈内，无论做什么都会被有心人说事，在自己的极限内甚至是超越极限后的思考，是历练，可能也是成长中的财富，风雨过后是彩虹，你会比同龄人更懂得坚持、隐忍以及释放……

这样的人是真正的成功，成功不是成绩的好坏、名气的大小，而是内心的强大和成熟。

其实，娱乐圈没什么不同，我也仅仅把它当做是我的一份工作，一份普普通通的工作。可是我的性格注定我会生很多事端，一开始的时候会手足无措，但现在我已经慢慢懂得怎么去避免这些事情。很多以前琢磨不透的事情，也一下子就明白了。

我一下就长大了。

或许是去年遇到的事情太多，有的没的那些传闻、伤害，接二连三地打击着我。可是也正因为有了这些，站在舞台上的我才更加自信，更加坚强。

人生或许就是这样的吧，不可能永远都一帆风顺，但是经过风雨滋润的玫瑰，才盛开得更加艳丽。

问心无愧。善良，终究会被理解。

流言就当生活的调味剂即可，冷漠比对质更让始作俑者害怕。

1024
AVI
P

娜样·幸福街

NaNaism :: NaNa主义 SEVEN

感情的世界是一个很私人很隐秘的地方。容纳着两个人的心，却只允许一个人独享。快乐可以拿出来让大家分享，幸福却不是可以晾开了供人观摩的，幸福是一个人的秘密，也是一个人的权利。我的幸福街道可能会有很多歌曲，至于是不是美妙，那不是临街的人们能够明白的，我也不想让别人明白，因为那是我的私藏，能够聆听的却只能是我，谢娜。

幸福，自己说了算。

那一曲宛若恋歌

A 我是一个对感情很懵懂的人，因为我没计划，自己本身就从来不知道下一分钟要做什么，当然人生本来就很奇妙，你永远不知道下一分钟会发生什么，感情上的我也是，比较迟钝。

人家都说初恋是很甜蜜的事情，不管是恋别人还是被别人恋，比如第一次收情书，第一次喜欢一个人。

可是，我好像从来没有感觉到甜蜜，因为到现在我都不知道到底什么时候算是我的初恋。

上小学三年级的时候，有一次收到一个小纸条，夹在语文书里面，上面写着：放学以后一起去看录像。

那个时候好像男生约女生都是说去看录像，可是我是一个很奇怪的人，如果我不喜欢这个人，他向我表白，我就会觉得非常难受，而且我那个时候根本不知道什么是喜欢，就更不明白约会的概念了。

所以当时我特别的生气，我就说，我凭什么要和你去看录像啊，怎么这么恶心啊，这么烦。

我就觉得用纸条约我是一种流氓行为。

从那天起开始，一直到毕业，我都没再和这个男生讲过一句话，没看过他一眼。

这应该算是我第一次收到情书吧，可是我从头到尾的感觉就是觉得很不舒服，没有任何理由。稍微大了以后，我才明白，喜欢一个人是没有错的，你如果没有接受也没有错的，可是你不能把人家的表白当成一种流氓行为。

B 后来到了中学，在排球队的时候，有一个男孩挺喜欢我的，我对他也有朦胧的感觉，可是不知道那就是喜欢。

我们家是住在学校的，从我家窗口就可以看到学校的操场。那个时候每天早上起床，楼下都有卖豆浆的，我就远远地看到这个男孩在跑步，跑得湿漉漉后去买一

杯豆浆，买完以后看我一眼，就走了。

那个时候每天早上看他跑步成了我的习惯，具体什么原因也说不上来，可能是觉得他充满了活力，比较健康吧，我一直觉得喜欢运动的男孩都特别的健康，特别的向上。

然后，我每天放学后都会先在楼下打排球，很奇怪，我打球的时候他总是站得远远的，我上楼以后他才会在那里打，好像他知道我会在楼上看他，我也知道他一直知道我在看他。

两个人从来没有对话过，就是一种很朦胧、很遥远的感觉，可能这是自己对美好的一种期许吧。两个人不一定非要发生故事，但是有那么一个感觉，在很多年以后回忆起都始终是一份纯真美好的情怀。

C

后来，和一个师兄，应该算是第一个有过交往的初恋吧。

那个时候，学校很多女孩子都很喜欢他，他平时在酒吧打工唱歌，有很多女孩去给他捧场。

我第一次看到他的时候，就是他在酒吧唱歌。他在上面唱，我在下面听，就觉得能唱歌真好，那一瞬间，仿佛台上的他特别潇洒。

对一个人动心，有的时候就是因为一刹那的感觉。

可是我根本没奢望他会喜欢我，因为追他的人太多了，而且当时我刚去学校，那么多人都嘲笑我，他也属于嘲笑我的那一堆人。

突然有一天，他对我说，谢娜，我约你去看电影吧。

我觉得幸福好像从天而降，还没反应过来，他就说，我在人民广场那里等你。

啊！我特别开心，按捺不住激动，在寝室里打扮了好一阵子，然后数了数自己的钱，还在那里算，除了电影票，我应该买点零食，这样看电影的时候两个人才会更亲密一点。那个时候我一个月的生活费也就是二百多，我狠了狠心拿了五十块钱就去了。

到那里买了电影票，我就一直等一直等，可是左等右等都没等到他，电影都快开始了，他还没来，而且还下雨了，广场根本没有避雨的地方。我想要不先进去吧，可是又担心他来了以后找不到我，就一直站在雨里傻傻地等着，结果等到雨都停了，电影也完了，他都没去，我还很担心，是不是他出了什么事了。

结果他什么事都没有，我倒是被雨淋得高烧了几天。

后来，我才知道自己被耍了，是他们私下在打赌要我玩。真相真的比任何东西都残忍，那一瞬间，我仿佛觉得自己摇摇欲坠，像一朵随风飘零的花，任人舍弃。像琼瑶小说可怜的女主角，但记得后来还是有约会。

那个时候，约会永远都是滑冰、看电影，反正都在学校里面，平平淡淡的，也没有什么让人很难忘的，就像是一段沉闷的校园生活里突然多了一个人陪你，会觉得生活没那么单调而已，我的初恋可能就是这样吧，从来没有考虑过天长地久，一开始就是一个意外，结束反而显得理所当然了，也就不会有琐碎的摩擦。随着两个人各自离校，有了各自的生活轨道，那段记忆也就慢慢散了。

给不了你要的告白

记得当时爸爸打官司的时候，怕连累妈妈，不愿意妈妈跟着他受罪，就想了一个办法，说，他和妈妈假离婚，这样别人就不能恐吓她了，等到这个事情完了以后两个人再复婚。

可是妈妈死活不同意，本来之前说好的她去舅舅家躲一阵子，听了爸爸的话后，就坚决不出家门了。

爸爸说通了所有的亲戚们，让他们帮忙去说服妈妈。

妈妈非常平静地说，我们既然是夫妻，那不管发生什么，我都要和你在一起，无论发生什么事，我都不会离开你。他们砸东西、恐吓我，我都不怕。既然我嫁给了你，就是要这样一起走到老的。

爸爸妈妈的感情让我明白了幸福的真谛，他们之间没有轰轰烈烈的爱情，他们就是一对平凡得不能再平凡的夫妻，可能他们说不出来惊天地、泣鬼神的海誓山盟，可是他们的爱在关键时候却是那么的珍贵伟大。

他们的爱情观就是那么的简单，平时拌嘴说气话，大难来时却一定会在一起相依为命。

当我和一个人不在一起的时候，我依然会关注他，祝福他，知道他已经找到了新的感情，我才会放心地去开始一段新的感情。

我始终觉得两个人能在一起就是缘分，就像人家说的，这辈子两个人就算擦肩而过，也是一种缘分，更何况能产生爱的感觉。

一旦我爱上一个人，我会为他做任何事情，不管是有什么样的困难，只要有爱，就不可能有什么是不能渡过的。我更喜欢两个人可以一起成长，不管是事业还是感情，两个人都可以一起来体会成长的过程。

有一次我和朋友开玩笑说，我的感情就像是B52，我喜欢平淡一点的爱情，安安静静地过两个人的生活，可是注定我遇到的都是轰轰烈烈，每一次总是掀起血雨腥风。

其实不管曾经发生过什么，我都是一个相信世界上有真爱的人，因为那段过程，是你曾经真心付出过的，真心就是在尊重彼此。无论两个人在一起或是分手后，任何人企图去污蔑它，甚至是破坏它，我都绝对不许，对方也一定如此。

这是一种默契，是每个人经历过一段感情后的一种尊敬。

恋情也好，友情也好，都是这样。两个人在一起的这段时间你一定要珍惜、保护。而其他人没有任何权利去干涉或者指责。其中的幸福是你自己才能体会的，就算你通告了全世界又能如何，外人看不到的，他们只是会用一个四四方方的概念来框住你们，然后开始猜测，猜测则是对情感最大的不负责。

在任何情感中，我都选择自己的幸福，无须向任何人交代。

1024
AVI
P

路过花开路过你

1 大约是心心相惜吧，我自己是一个经历了很多磨难的人，总是不被人理解，所以我的朋友圈中也差不多都是那种为了自己梦想坚持不懈而努力的人。

我对这样的人也都非常尊敬，一个人心中有大爱，能承受天下之大不韪，放得下天下，这样的人必定也是值得交往的一生的知己。

就像张杰，我一直觉得他是个善良、执著、心里能承载很多面子上却波澜不惊的人，所以他才会拥有那么多的歌迷和帮助他的朋友。最重要的他是一个非常简单的人。

张杰第一次开演唱会的时候，我其实是捏了一把汗的，结果一进场我就觉得特别的震撼，座位爆满，就连走廊过道上都站了很多人，满眼都是蓝色。当看了演唱会现场后，我再次被他惊到了，台上台下一起唱《最美的太阳》的时候我的眼眶湿润了。

后来，他在杭州的演唱会也是如此。

歌迷在台下哭，张杰在台上唱，平常在下边感觉他是不太会讲话的，可是在台上的他讲得非常好。

我觉得他的身上有一股音乐人的精神，他爱音乐爱唱歌胜过一切。你可以阻止他做任何事，但绝对不能阻止他唱歌。

他在台上说了一句话特别深刻，他说感谢帮助他的人，他不用再面对四面墙唱歌了，现在四周都是他的歌迷还有爱他支持他的朋友。

那一刻，我就觉得张杰真的很不容易，他就像是用自己的全部身心在写一个奋斗的故事。我回想起那个时候他买的那个二手音响和他在房子里边对着四面墙唱歌，他说唱得很爽，可惜就是没有观众。我们就开玩笑地给他放宽心，说会有那么一天，到处都是观众听他唱歌的。我还想了个办法，我说你晚点唱，打开窗户，对面楼上一定全都是观众。

那天，他笑得很开心，可是在快乐背后有多少酸楚。一个几乎没有要求的爱唱歌的人，唯一的梦想就是给妈妈买栋大房子，自己有个能唱歌的舞台，却总是被人

伤害，这不公平。

有一次，大家出去玩，我们在门口等其他人下楼，他坐在副驾驶的位置给他妈妈打电话，我和其他两个朋友坐在后面闹腾。应该是他听到他妈妈说又在米线店里睡，以便守着蜂窝煤好加火换煤。我们就听他有些激动地对着电话说，你不要睡在那个旁边嘛，整夜整夜吸那个气，对身体不好。

我第一次看到他那么激动，就吓得不敢说话了，过了一会儿，他压低了声音不知道在说什么。我突然看到他脸上好像有晶莹的东西，然后一直朝一边别过脸去。

我发觉他可能哭了，肯定是心疼妈妈，又觉得不好意思在朋友面前失态，我和另外两个朋友就悄悄地下车了。下车以后我特别难过，因为他那种心情我特别能理解，那种想要家里人过得好，自己又无能为力的焦急和心痛。

我就想起我当年家里有这样问题的时候也是，家里人听我的声音好好的，只是在关心他们，可是自己忒难过。

当时，真的很期待，这样一个爱唱歌的男孩，有一天他的声音让更多的人知道，让更多人为他感动和快乐。

他是一个非常简单的人，不会说话也不懂人情世故，唯一能表达情感的就是他的歌声。

2

和张杰的认识是一个非常好笑的事情，这是我这边的一些真相，张杰自己都不知道的真相。说起来，我对张杰有愧疚啊，我差点就扼杀了一个实力派偶像歌手。

那个时候，我正在拍一个戏，突然不停地接到各个地方的人给我打电话，说有一个叫张杰的歌手要发第二张专辑了，点名想让我主持他的新专辑发布会。

我当时因为特别忙，就想，我也不认识他啊，为什么要帮他主持呢。

最后我还是以没时间为借口拒绝了，当时也确实是很忙，我也确实没有想要为了去做这个主持而专门调下时间。

然后有一天何灵喊我去唱歌，就是那次KTV，我正式认识了张杰，我觉得没去帮他主持挺对不起他的，特别不好意思，我一进门就给了他一个拥抱，表示我的歉意。

那个时候，他给我的第一感觉就是特别老实，特别木，可能是被我的举止给吓到了，僵在那里半天都没反应过来。

唱歌的时候，听完他的歌，我都不敢抬头看他，就是闷头鼓掌，这个人也唱得太好了吧。那一刻，我觉得特别羞愧，就想，如果我当时主持了发布会，也许关注我的人也会关注到他，像这样一个唱得这么好的人竟然连我这个做主持的都不太了解不太清楚，我听了他唱歌，我整个人就像中了魔一样，心里七上八下地谴责自己，觉得自己是个罪人，好像没有人听到他唱歌，都是我的失误。

酒香也怕巷子深啊，张杰的歌声让我莫名地感到一种悲哀，人可能在很多时候缺少的并不是能力，而是能施展你能力的战场。

3

我就经常跟别的朋友说，有个叫张杰的歌手，唱得很好，可以关注下他啊。

有一天，他的经纪人突然打电话说，不再是张杰经纪人了。现在没有人管他了，他一个人在北京，希望我们能多陪陪他。

我们听到这个消息的时候，心里洼凉洼凉的，知道他不容易，却没想过会越来越艰难。作为朋友，这个时候不站出来还等什么时候，帮他，是必须的，是应该的。

我们就帮他联系一些节目，比如说《快乐大本营》，我的歌友会，何炅的歌友会，等等。

有一次他参加《快乐大本营》的节目录制，只有短短的十五分钟，就让很多人喜欢上了他。短短的十五分钟，《快乐大本营》的留言箱都快爆了。很多人都留言说，哇，原来有这么一个歌手，唱得太好了，为什么我们以前都不知道呢。

张杰就说特别谢谢我们，他说这么久了。他的贴吧从来都没有见过这么多的留言，虽然现在没有人管他了，但是有我们这些朋友，他非常开心。

张杰就是这样一个人，说不出来很多华丽的句子，永远都是那么几句，还是脸憋得红红的，着急就颠三倒四，语序全乱。他从来不会主动跟你说，他需要什么，他想要你们帮他做点什么。我们都是通过他以前那个离开公司的经纪人才能知道一些他的事情，然后来想办法。

和他的接触中，越来越多的事情让我觉得特别感慨，很容易就让我想起自己刚开始北漂的日子。就像我们去超市买东西，他先是拿了一瓶矿泉水，一问是十几块钱，他吓了一大跳，就很生气地说怎么矿泉水也卖这么贵。然后就跑去找了半天，换了个一块多的。刚开始的时候我就觉得这个人怎么这么抠啊，当知道了他的状况后，我感觉特别特别心酸。

这样一个心地善良、歌又唱得好的人，为什么要被埋没呢，作为朋友我一定要帮他。

这个时候，就开始有人传我和张杰的流言了，我也不介意，大家传就传呗，如果因为我的原因可以让你注意到这个人，也没什么不好的，何况我相信张杰的实

力，他不是一个能被流言打败的人，只要你注意到了他，就一定会被他的歌声感染，会喜欢上他的。

我对感情从来都不是一个高调的人，关于自己的私人事情从来都是很少去说，甚至不愿意别人多说，这一次，我也无所谓了，爱怎么传怎么传。何况感情的事情是两个人的事情，不是说外面随便传传就能传出什么，真的假的，别人怎么说不重要，重要的是自己明白自己在做什么就可以了，不需要给任何人交代，或者解释。

4

有一天，我们很兴奋地告诉他，帮他联系了一个工作。

他那天一反常态的安静，不像往常听到这样消息的时候那样开心，而是面无表情地拒绝了。问他为什么，问了很久他都不愿意说，我说没想到他这么快就自暴自弃了，很失望。

随后收到了他的短信说：我有手有脚的，老是靠朋友帮忙，外面传的那些话，我都听到了。本来你们好好的，就是为了帮我，却给你们带来了这么多不好的影响，我不想这样因为自己连累朋友。我总有一天要靠自己的。你们知道吗，我现在每次回头去看以前比赛时候的一些视频，就觉得很感慨。那个时候的一腔热血，我好怀念，我现在好怀念比赛的时候，至少有一个舞台，让我可以尽情地去唱，我的歌迷也能听到我唱歌，可是现在，连这样一个机会都好奢侈，都必须要作为谁的朋友去参加，或者是谁的绯闻男友，或者谁的什么什么怎么着，我觉得很悲哀，我不想了。

他第一次表达了这么多的话，以前从来都不说的。

从那个时候开始，任何机会给他，说联系好的，他都不去。

永远都是那样，不管什么时候给他打电话问在做什么，都说在看以前的比赛视频或自己在家唱歌。

他，永远只有在唱歌的时候才会忘记一切烦恼，真正开心的那种。

5 后来，张杰又回到成都，在一个朋友的餐吧唱歌，他的要求是让他能唱到关门，后来酒吧另一个歌手说报名参加了“快男”，他说他也去，他们走到海选现场，报名了。

其实作为朋友，我们是不敢去面对这一刻的。虽然我们开玩笑地说过这个，但是这毕竟是一个残酷的事情，不是常人可以接受的。

他去报名海选的时候，前面还有几个人在唱《北斗星的爱》，“快男”在拍片头的时候，人民公园中间有个房子，是自制MV玩的那种。有几个小孩也在里面唱《北斗星的爱》。这样的场景对于任何一个人来说，都是无法承受的。

就像我一样，如果我有一天到了老板不让我主持说我没潜力而没有工作的地步了，我去参加一个主持的比赛，前面的人还在学我的风格，这是绝对的讽刺。

没想到他真的有勇气去做到。可能真的到了一种绝境了，迎接他的是什么，可想而知。

后来问过他，说那你的歌迷会怎么想。他说开始肯定会吓着，很快就会很开心，说，哈！又能听小杰唱歌了。

因为想唱歌给歌迷听，就去参加一个比赛，明知道是一条很艰难的路，他依然心态特别好地准备走下去。

他是选手，我是主持人，恰好我们两个人又都是被推到风口浪尖的绯闻男女，我知道，他的路不是一般的难走。

对于我来说，因为之前都是综艺节目，“快男”的主持却不一样，是选秀节目，我还挺珍惜那次机会。可是就是因为这个原因，不管是节目组还是台里，都依然有人用有色的眼光来看我。

我看他走进海选，唱《我真的受伤了》。

我站在旁边，看着他和一帮人进来海选，评委也都很苛刻，没有给他很好的分，四川台里的很多工作人员都哭了。

一步一步就到了50进10，既然朋友已经参加了比赛，我就希望他有一个好的成绩。

回看那一场比赛，我基本上后面好长一段时间都没说话，作为一个主持人，这个是很失败的。可是我真的不知道说什么，因为已经到最后一个名额都没有他，剩下几个选手都是唱英文歌的，在酒吧也都很有名。

我已经作了最坏的打算，我想，完了，这次糟了。

就是那曲《往事随风》，他一下子征服了全场的人，包括黑楠老师。

我特别高兴，一下子就忘记了自己主持人的身份，就冲过去拥抱了他，恭喜他。冲过去后我就发现好像这样不太好，就算是作为朋友，大家肯定又会传些什么的，我就索性依次过去把每个选手都拥抱了一下。（对不起大家）我知道，我不应该把感情带到舞台上的，可，我就是一个很感性的人，是不能够去掩饰这些东西的。

成都之后，我就一直在想，我到底能不能再继续做下去这个主持，

本来还有一丝希望，但在有一场张杰说把《天天想你》这首歌献给张雨生大哥和离开舞台的那些好兄弟的时候。不知评委是没听到还是没听，念出了自己早准备好的那首抒发自我感情的"冻人诗词"。我有些绝望，这还是一场比赛吗？不，这只

是评委的秀场。我能在这里提高什么吗？不能。我能陪评委秀吗？不能。我会影响别人对张杰的关注点，从他那么用心唱歌聚焦到绯闻上来吗？会。

我知道他已经在一种很困难的情况下作了决定，来参加这个比赛这个决定，他选择了用沉默应对流言。我作为朋友绝对不能影响他，我于是毫不留恋地离开了这个主持的舞台，包括跟比赛有关的任何主持。

4进3那场，是我永远也不会忘记的。一直比赛过来他都不是很顺——不管从各个方面，有流言的中伤，有评委的苛刻，有前公司的压力，甚至有时比赛前半个小时还不能确定能否上台，他都是很艰难地在朝前走。所以每一次进下一场，我都觉得是一种幸运。有时我看着比赛就在想，他只是想多唱几首歌。

这个时候，我就觉得作为朋友我要去帮助他，给他力量。本来是主持人，那场成为了伴舞，我又觉得有些好笑。

我就跟他说，你本来就挺艰难的，如果因为我来，你又离开了，我觉得我会特别自责。

他说参加这个比赛只想有更多机会唱歌，我唱了很多歌，很满足了。

我就说，我去。

但是我的朋友都劝我不要去，就说，你傻啊，你现在去他晋级了你会被骂，会说对别人不公平，你作为湖南台主持人，他晋级是台里面给你面子，如果他没进，又有人会说离开是因为你。

几乎没有一个人同意我去，就连维嘉也是，他是一个不喜欢对一件事情发表意见的人。那天晚上他送我回酒店，突然说，娜娜，你听嘉哥的，不要去。非要我答应了他，他才放心地离开。

回到房间以后，我特别混乱，去、不去，就像两个自己在打架一样，整夜都翻来覆去难以入眠。

第二天参加《勇往直前》，何炅就在节目里说，很多东西你不勇往直前，你永远不知道你会到达那里。有的时候，害怕只是人心里面的一个障碍，你真的做了就能够对得起自己。本来很高的高台蹦极，是不敢跳的，有勇往直前的精神就跳了。

是的，人可能很渺小。但是只要努力了就能够战胜自己。我决定了，我去，一定去。

那几天刚好又是在长沙演《暗恋桃花源》。演完以后大概已经十二点过了，我才过去排练，时间非常的仓促。

所有人都不相信我会去伴舞，包括我的公司还有媒体。大家都觉得我没那么大胆。

我就觉得我没什么好怕的，我虽然不是一个很好的舞者，但是作为朋友，我能给他很多力量，他已经很艰难了，风风雨雨该说的不该说的别人都说了，这个时候朋友的支持对他来说就是最重要的事情，不管结果怎么样，我都要去做。何炅作为主持人，必须一视同仁，那段时间的比赛他没和张杰多说一句话，发一个短信，甚至连联系都没有了。而我不是，我现在已经离开主持的舞台了，我只是他的朋友，为什么我不能在朋友需要支持的时候给他加油呢？

那场后，他就离开了，离开的时候所有的人都哭了，可是他非常平静，还反过来

笑着安慰别人，让人惊讶。那一刻开始我知道，经过这些历练，张杰已经不再是以前的张杰。他超越了自己。

张杰就是这样一个人，他总能给人一种神奇的东西。比如所有的人都觉得他可能颓废下去了，他却突然跑去参加比赛了；大家都觉得他是一个不会说话的人，他突然冒着流言的压力在屏幕前说谢谢；大家都在赈灾义演，他自己默默地跑回成都捐款捐物去了，还不告诉任何一个人。他就是这样一个人，做什么事情也不会提前说，自己默默地想到了，就去做，他认为是他想要表达的东西，就去做。

和这样的人做朋友，你会觉得踏实、安心、快乐、幸福，可以从他身上学到很多上进的东西，养成很多良好的习惯，而这些习惯是会影响一生的。

如果说，让我对张杰说一句话，那应该是三个字：谢谢你！

双面胶

我觉得感情很重要的是懂得爱和珍惜，一起去面对和渡过困难，任何困难都是对感情和对人的历练。经历过困难后我觉得感情会变得比较深。

每个人需要谢谢的是磨难以及给你磨难的人。或许，就像我，我如果不经过考学的失败，演小丫鬟，到没有工作的磨难，也不会有今天工作上的成绩。

感情也是一样的，如果不经过一些历练或者一些考验或者什么的，你也不可能得到最后的幸福，所以要感谢你经历过的磨难和锻炼你的事情。

人和人交往的前提是在一起要快乐。

爱情是个双刃剑，好的时候给你快感，坏的时候也给你快感，所谓的痛并快乐着吧。这把双刃剑相互擦出了火花，年轻的时候，两个人就会努力地去做任何事情，让激情肆意地燃烧，可能是会没有节制的。

因为过分在意，反而就会失去。

现在长大了，会更加懂得去沟通，明白我需要什么，他又需要什么。或者是我可

以做到什么，你是否可以为我做到什么。而不是一味地说，我要为你做什么，我不知道你需要什么但是我要为你做些什么。距离一定会是一个问题的，但是你要尽可能地双方去调节这个东西。如果真的说不行，没有缘分继续下去，那也是很好地在走自己的路，并且一如既往地去保护这一段感情，不让任何人去伤害它，而且不影响到任何人。

这是慢慢成熟的一种改变，而成熟之后的感情更趋向于一种平淡，遇到爱的人一定要很珍惜，而不是去苛刻地要求，不管遇到什么困难都要和他一起渡过，就像我的爸爸妈妈一样。生活是个很现实的问题，不是一个缥缈的东西，不是说光靠花前月下的誓言就能长久的。

当你身边都是这些好的东西的时候，你也一定会向往的，像我爸爸妈妈，他们给了我感情上特别好的一个向往，所以，我始终相信爱情的存在，相信童话的存在。

我希望自己会是双面胶形态下的爱情，黏住所有快乐的东西，黏住我从小到大的每一张笑脸，和谐一点，让他开心一点，不管两个人出现什么矛盾，都能很快理解，宽容，黏合住裂缝，让不理解只是成为调剂，而不是主食。

幸福，掌握在自己手里。

就像何老师唱的《最好的幸福》：最好的幸福，是把一个人记住；最好的辛苦，是想你想到哭；最好的满足，是你给我的在乎；爱受了些苦，才变得铭心刻骨。

从小锻炼身体好
北京欢迎

娜时·夏天的味道

NaNaism :: NaNa主义 EIGHT

对朋友仗义、直接，并可以给朋友多一些快乐，这可以让你变得越来越踏实和快乐。▶ 我很幸运在这个圈子里有很多的朋友，大家虽然因为工作关系很少聚到一起，但一个短信一声问候，在朋友难过和快乐的时候和彼此分享，就足够了。

朋友，就是那个在你心烦意乱时随时随地能骚扰他，他还不会反感的人。

我

人长大了总是喜欢往回想，我也经常回忆过去（因为我也长大了）。

去年，我终于实现了愿望给爸妈在中江买了新房子。搬家的时候，还是会有一点点不舍得，毕竟已经在那个房子住了二十几年了，有多少灰尘，就有多少我的记忆。

小学的，中学的，离家漂泊……往事像是闪耀在夜空中的明星，不论多久，都是那么璀璨明亮。

时间过得很快，如白驹过隙一般飞速。转眼间，我已经从以前那个愣“假小子”变成现在的大姑娘了（还是大美女哈）。

那个时候，我们家就在学校操场旁边，所以我最怕的是看到我爸的身影出现在阳台上，他如果一招手我就得结束学习后的休闲生活，安安分分地回家吃饭写作业。若是幸运没有看到爸爸的话，放学后我就会穿着短裤和背心，活脱脱一个“假小子”，跟在一群男孩的屁股后面，一起在操场里打排球。

因为我手重的缘故，所以都是和男孩一起训练。那时候我还有个绰号叫做“谢大炮”，会在发球时因为劲太大打出界，还会男孩发的上手飘球。而且我又是副队长，在场上经常大喊你接我接之类的，想要从气势上就先压倒别人，再加上脾气很直，一点也不像女孩，我想那时候起我就抛弃了女孩的娇气了吧。

我特喜欢排球比赛，当你在赛场上尽情地拼搏，肆意地挥洒着汗水的时候，听到旁边很多人由衷地为你呐喊，就会自然而然地产生一种荣耀感。

当我回想起这些的时候，我发现很多事情其实跟排球比赛一样，一个人存在的价值，就是努力做好自己想要做的事情，然后得到别人的认可。

而且，我还是扑球的高手，不是吹牛哦，当球离我有一些距离，跑着接根本就来不及的时候，我就会直接扑过去接。很少有女孩会这么做，但是我觉得根本没什么，接一个地上滚一个。

或许是从小养成的这个习惯，上次和何老师还有一大帮朋友一起到沙滩上打沙滩排球，他们全部都是打了能接的话就接，而我却都倒地扑球，想挽回一些球。他

们告诉我不要把自己逼得太紧，没必要这样，就是觉得能接就接，接不到就算了。但是我依旧我行我素，毕竟这么多年了，习惯也难改了。

学校的操场给了我很多很多的记忆，那个时候特别喜欢比赛以及比赛的操场，包括那个时候排球的男队女队，我们经常好像是一家人一样一起举行一些非常好玩的活动。

那都是让我一辈子难忘的记忆。

当我回来，发现操场早已不见，替而代之的是高楼大房的时候，心里就特别特别失落，像是心爱的东西被人抢走了。但，最美的记忆，会永远刻在心中。那些曾经滴下的汗水，那些曾经流过的泪，那些曾经笑着的脸，我会一辈子都铭记。

我很爱排球，也很感谢排球，我想，最开始的那种拼搏大概就是从排球开始的。

OPE
YOUR
MIND

吴克群

最先知道吴克群，并不是在《快乐大本营》里。

那时我还在做无线的一个访谈节目，他第一次来宣传的专辑就是他的同名专辑《吴克群》。做那期访谈的时候，他并没有像现在这样自信，因为他是之前差点被唱片公司否决掉的一个歌手，那张专辑是他被冷冻了许久之后才出的。

吴克群也是一个经过大风大浪的艺人，他的演唱之路也非常的坎坷。

出那张专辑之前，公司本来是让他去出演偶像剧的。只是他不愿意去，反而跑到酒吧去唱歌，同时还去学弹琴学创作。是他的坚持和不懈努力造就了他的第一张专辑。

记得访谈时，他还聊到拍一个MV的时候，其中有一场戏是要让那个女主角扇他的耳光。像这样的情况，演员一般会采取假扇和借位的方式，可他却主动要求女主角来真的，觉得那样会更真实。结果，他就为了那一场戏，整整被扇了三十多个耳光，最后整个脸都被打肿了。

他给我的感觉就是很认真很认真的一个人，可以为了梦想奋不顾身。而像他这样的人，我能体会那种一直在台下默默耕耘的辛酸。也许经历过，才懂得，也才会更懂得珍惜。

也是从那时起，我会不时地特别关注他。尽管是小小的祝福，但我相信积少成多，而作为一个朋友，我更应该如此。

当然，是金子终究会发光，他的专辑反响很不错，那首《吴克群》在内地很红。

之后，他的第二张专辑《大顽家》也接踵而至。主打歌很有趣，看得出他在玩音乐而且他很享受这一切。那次他是到《快乐大本营》做的节目，相较于第一次做节目时的羞涩和不安，他变得更加沉稳，做节目时也更加收放自如。看到他的转变和成功，我也感觉特别高兴。

成功可以增加一个人的自信，可一个人的成功必须伴随着巨大的代价，可见他是多么的不容易。

当他带着第三张专辑《将军令》来到《快乐大本营》的时候，他已经拥有非常多的歌迷。大家都很期待他的新歌，他自信满满。我们就斟酌着准备考验考验他。通常通过《快乐大本营》考验的嘉宾人气都会大涨，而且我们也是因为对这个艺人的为人品质有把握才会设这个整蛊环节（要知道我们可是演技高手呀，轻易可是不出山的）。我们为克群设置了一个整蛊环节，让他和何老师比人气，现场的观众是我们事先串通好的，让他们力挺何老师而冷落他。比如大家鼓掌时只为何老师鼓掌却一个掌声也不给他。而我还得不停地在一旁添油加醋，抱怨大家不应该这样子对待来宾。

作为朋友，我确实有点担心，如果他不够自信面子就会挂不住，会感到很尴尬或者怎么样。但作为主持人，我又不得不完成任务。而我的任务就是煽风点火，让他感觉更为难。我不停地为他挺身而出，说在湖南当然何老师比他好，在台湾就不一定啦。反倒让他更难堪。最后我还直接跟何老师、维嘉争执起来，一气之下摔东西走人，还趁他不注意滴了几滴眼药水在脸上（对不住呀，克群）。

意料之外，却也在情理之中，他除了感到些许困惑之外却没有表露任何难过之意，反倒一直不停地在当我们的和事老般地安慰我，他非常安静地笑着说，娜娜，没事的没事的。

当时我就有种大感欣慰的喜悦，他的稳重，他的大将风范，都令人刮目相看。经过这些年的沉淀和洗礼，他早已不是曾经的那个羞涩男孩，而是带着无限魅力和自信的男人。

特别是，当我们揭晓真相后，他竟然有原来如此的得意。

很明显，这个考验他很轻松地过了。可有些喜欢他的观众质疑我们的做法，为他们的偶像抱不平。最后，反倒是他出来为我们澄清，他在他的博客文章里说，娜娜和何炅是他的朋友，他很感激我们为他做的一切。

事实证明，那期节目之后，他的人气又狂涨了。《快乐大本营》的留言板爆满。都是留言赞扬他的大将风范。

其实，就是这样的，明星也是人，扒开那些包装，能坦露的也就是那一颗真实平常的心。也许这也正是他感动歌迷的地方。而我相信他会继续感动更多的人，因为一个不懈努力为人们制造惊喜的人，他本身就是令人感动的。

韩庚

韩庚的很多经历很曲折，他也是通过自己的一点一点努力才成功的小孩，这些成功背后承载了很多不为人知的辛酸经历，这让我们对很多感悟都感同身受。

和韩庚真正打交道的那个过程其实是很曲折的。

他们第一次来做节目的时候，本来事先已经定好了时间。照理说，他们是必须做这期节目的，因为是签了合约的，况且他们所有的歌迷都来了。可是因为他们组合成员意外地出了车祸，奎贤受了很重的伤，所以他们的情绪都非常低落，根本无心再做节目。

这么伤心的时候还要让他们强颜欢笑，那根本就是种折磨，他们是艺人，不像主持人，就算有再不快乐的时候，只要是一上了台，就必须要让自己快乐起来，因为主持人的义务就是要让现场气氛high起来，而艺人要做到这些是有点强人所难的。

当时我们所有人都讨论了一下，都不愿意他们带着这样的心情做节目，我们可以给观众解释原因，并且用其他的方式和大家一起互动，这样他们可以选择不做这期节目，我们尊重他们的心情。

虽然他们没有参加，可是那期歌迷全部都来了。我们就在现场为歌迷解释，歌迷们也都非常配合。那期节目做得很顺利，歌迷们一个都没有中途离开（我们节目发生过之前拼命要票，歌手离开歌迷就跟着走，现场一大半空位置，影响下面节目录制的情况）。所以我们会很关注每一个艺人歌迷的表现，看粉丝的行为就能知道偶像的形象。

那之前，其实我对韩庚并不是很熟悉，只是知道他在韩国和一个朋友做过电台节目，在国内人气还不错。那次的初次接触觉得他们很真诚，那天歌迷的举动让我对他们有了一个特别好的印象。

后来韩庚和始源他们也表示特别感谢我们，第二期他们如约又来的时候，他们都表现得很热情，我们也特别作了准备，也是一个关于整蛊的专题。

了解到韩庚和始源在韩国的时候关系很好，我们就事先和始源沟通好了，做一些让他尴尬的事情，他知情但是韩庚不知情，看韩庚怎么办。

这个“挑事儿”的重任，很六合彩地又落在了我的头上。

这次我们没有事先把情况透露给歌迷，一怕有些歌迷不配合，另外也怕他们知情后达不到我们想要的效果。

站在台上的时候，我就一直针对始源。比如说，本来要求我和始源配对，我就故意说，哎呀，不行，我要和韩庚演。

韩庚很尴尬，整个人上下都不自然，我一个劲儿地看他，他就是不吭声。我又说，哎呀，我不想和他演嘛，那算了，算了，要不这样吧，你们两个人演哭戏，看谁演得好。

何炅就说那你和始源演，我马上就接嘴说我要和韩庚演。

下面就有歌迷发出不满的抗议声。

我那时候就有点心有余悸，生怕哪个歌迷一激动扔个暗器什么的，可是节目还没有结束，我还是得硬着头皮跟韩庚演（以后各位歌迷如果在现场看到我们欺负你们的偶像也要继续发扬三思而后行的精神呀）。

演完以后，他们又故意说，娜娜，你跟始源也演一下吧，始源也演得很好的。

始源太可爱了，他也在那边使劲演，演得很好，也表现出来很不开心的样子，有时还瞟一下韩庚，再做个臭脸。我就很不情愿地说那好吧好吧。然后我就问一边的韩庚，始源是不是有点不开心啊，你说，他是不是不开心啊。

韩庚脸上就写着两个字：尴尬。但他还故作轻松地冲我摆手，说，没有，没有，始源脾气很好的，他不会在意你的玩笑的。说完，还假笑了一下。

我看场面有点僵了，就赶紧说那就演吧。

演完后，我就刻意说始源演哭戏没有韩庚演得好，下面歌迷又马上开始抗议了。现在想想还真有点后怕，当时也是尽在暗想着往他们谁背后躲躲，否则我说不定就是第一个为了做节目牺牲小命的冤大头了。

后来他们就出来缓和气氛，说不演哭戏了。可我又故意刁难始源，放一段很欢快的曲子，看他能不能在这个曲子里哭出来。坐在下面的歌迷开始抗议得更大声了，我那时候真觉得特委屈，貌似每次整蛊的时候，我都要忍受着莫名的委屈。但为了完美的结局也值了，我拼了。

曲子响起的时候，始源就一直看着他的经纪人。经纪人事先是知情的，就上来很不开心地说不录了，拉起始源的手就要走。

韩庚站在一旁超级尴尬，我又悄悄地自己也觉得特讨厌一样问韩庚，始源是不是不开心啊。韩庚还是装作很大方地说没事，就过去跟始源商量。

我赶紧和何炅对了一下眼神，何炅特严肃地说，娜娜你不应该这样。

我很大声地喊了一句，凭什么说我啊，然后也很不满地甩脸而去，始源也和我一起都甩脸而去了。

另一边，何炅把韩庚拉到化妆间里，化妆间内事先安装了一个镜头，何炅就找了一些话题开始和韩庚聊天，好像在韩国的不容易啊，等等，聊着聊着，韩庚就流泪了。

然后我这边，就和始源拍了一个"耶，你被整蛊了"的镜头。

拍完以后，让始源先过去，我就在一个秘密房间里面等待，他们走的时候我一再交代，千万不能把我忘记了。

结果，他们过去以后就真相大白了，韩庚看了我和始源的片子，看完以后非常感动。他们就在那里唱歌跳舞，竟然真把我给忘记了。

我预感到苗头不对，半个多小时过去了，也没人过来理我。我就自己冲上台去，却发现他们正全场感动得乱七八糟，却把我忘在了小屋里，委屈呀！冤呀！刚才那么努力地演出，现在又把我给忘在了小屋里没人理。

导演见我跑进来才突然想起忘了喊我了，笑着说对不起对不起，还把我拉到了舞台上，何老师他们也对着所有的歌迷们说我们要感谢娜娜的卖力演出，刚才误解我啦。虽有这个小插曲，但看到整蛊成功我们真的特别开心，那点牺牲算啥呀。最好笑的是韩庚拉着我说娜姐你也演得太像了吧，刚才我都不知道该怎么办了，你们也太坏了。那一次让更多的人喜欢上了他们，感动他们互相照顾的兄弟情。

经过了那一次，我们和韩庚就成了好朋友。

所谓的不打不相识，大概就是这样，可能之前我们对彼此都是一无所知，只能通过那些有的没的消息来了解对方。但当我们真正相处在一起时，即使只是一期节目，简单的对话，却都让我们感觉自然亲切，仿佛已经认识对方好久。

蔡康永

第一次见到康永哥, 就觉得他特亲切。

那是《天使任务》的一次合作, 我们事先并没有说太多的话, 就上场去主持节目了, 第一次合作, 就非常的和谐, 他说这就是默契。

他说, 像你这样的女孩, 我的直觉告诉我, 我可以和你开玩笑, 而有一些女孩我是肯定不能开玩笑, 我能感觉到你可以配合我做很多的东西。

那天做完节目后, 我们就成了朋友 (我记得那个时候我刚发了第一本书, 叫《娜是一阵疯》。节目结束以后, 他还在做宣传, 我就送给他。当他在做访问的时候, 我就偷偷地把书挪过去, 说推荐一下推荐一下)。

其中还有一个现在想想都有点好笑的插曲。他的化妆师穿了一条短短的灯笼裤，很可爱的那种，上面还有带花边的蕾丝。而那正是我当时很钟意的一种裤子，我一直很想买，一直没找到合适的。

我就向她询问是在哪里买的，她告诉我说是在台湾买的。

我毫不犹豫就脱口而出，也太好看了吧，我能拿我的裤子和你换吗？她当时就很讶异地说，真的假的，可是这个我都穿过了。

我说没事，我和你换的也是我穿过的。

她就说，那多不好意思啊。

之后我就回房间去了。走到房间门口的时候，我看到地上放着一本书，是康永哥给我的，里面夹了张纸条，很高兴认识你之类的。康永。

我想都没想就说，哇，好有档次啊，还另外写一张纸条。

后来我问他为什么，他很认真地说，对啊，怕你以后不想要的话，还可以送人哦。我就觉得他非常善解人意，很体贴人。

进了房间没多久，他的化妆师就捧着裤子进来了，娜姐，真的不好意思，这个裤子我已经穿过了，但是因为你太喜欢了，康永哥说就先送给你，下次再送你新的。

看到人家如我所愿，我的心如刚刚盛开的灯笼花，喜气洋洋地说，哎呀，那你等下，我去给你拿一个我的裤子去。

她连忙挥挥手说，不用了，这是康永哥送给你的，可是是穿过的，真的很不好意思。

我当时感动得真想马上给康永哥打个电话，用尽全天下的华丽词语来赞美他，最后没打，一是因为我想不到那么多的话，二是因为我把裤子收下后，太开心了，想马上穿上它，可我拿起来一看，就纳闷了，上面怎么没蕾丝了。这个时候我突然明白了，蕾丝应该是人家衣服上的。

我顿感失落，这就是我，有点粗心大条，有点冲动疯狂。喜欢我的人会认为我是真性情，而讨厌我的人也许在猜测我是不是没大脑。

可还是有人理解和包容我的，就像康永哥。

当时在上海第一次参加舞蹈节目的时候，突然有一天，一大堆乱七八糟的新闻就铺天盖地了。说什么我跳舞的时候露底啊什么的，还专门弄一个我飞起来时的照片。

我当时就很气愤，你穿着裙子跳舞，裙子怎么可能不跟着舞动呢，而且那个裙子和里面的裤子本来就是连在一起的。搞成那样，反倒变成我故意似的，感觉真的很不爽。本来一件很开心的事情，我却成了冤大头，感觉被人胡乱戴了一顶极不舒服的帽子，还有这样那样不是的传闻。

我和何炅他们就去KTV唱歌，当是放松放松心情。康永哥也刚好在复旦大学作演讲，我们也找他过来了，当时也没再想那些乱七八糟的烦心事，就一个劲地唱歌。

康永哥就纳闷了，说你看上去心情不大好。

我没来得及说话，一旁的何老师就特八卦地指着我说，她啊，最近被传露底，空中劈腿，还有被冤枉和谁谁的绯闻啊什么的，她就很难过，觉得被冤枉。

被他这么一说，我感觉更委屈，就再也忍不住了，哇地就在那个KTV里大哭。搞得康永哥特尴尬，他演讲了一天，本来是来放松一下的，结果却……当时我特不好意思，可又止不住地哭，就像一种释放般，边哭边向他道歉。

后来，康永哥就回台湾去了，临走的时候他告诉我，人活在世上总是会被别人误解，只要问心无愧，就不要被那些事情困扰，所谓庸人自扰之，便是如此。

这次地震的时候，他第一时间给我发了短信说，娜娜，你们家没事吧，爸爸妈妈都还好吧？

可是当时我正在做节目，也没看短信。他就又给何老师打电话，询问我们家的情况。包括这边去台湾的朋友，他也会向他们询问我的情况。节目结束后，我就赶紧发短信向他报平安，当时我就感觉特感动，也觉得特别温馨。

康永哥是一个特别与世无争的人。跟他相处，那些伪装和虚伪你通通可以丢掉，而他也是这般对待你的。他让人觉得踏实。

我喜欢的朋友他们都有个特点，很真实很简单。就算受过很多苦，但在生活面前，他们仍可以展笑言欢。

因为这是一种过程，不断进取的过程，即使那个过程布满险阻，险象环生，可我们无所畏惧，因为连过程我们也可以享受着消化掉。

海明威说过，世界是美好的，值得我们为之奋斗。我们就是在奋斗着的那一群人。

快乐家族

快乐家族是一个大家庭，里面的每一个人都是这个家庭的一分子，我们是朋友，是家人，我们一起守护着这个属于我们的美好家园。

APPY

何炅在我的心目中是一个很完美的人，他是一个明星，但同时他又是一个老师。所以他戴有那些耀眼明星光环的同时，又兼具着老师那种诲人不倦的儒雅风范。他可以置身事外般地理智地处理任何事情，而不像我一冲动起来就毫无忌讳地做事，往往会造成很多的伤害和误解。

跟着他的时间长了，也感觉自己变了很多，感觉他的一言一行都可以成为我的榜样，让人信服。不管是在生活上还是工作上，他都给我很大的帮助。

有一次，我出了车祸，左脸整个肿了起来。当时我正一个人在家里睡觉，他就从外地赶回来，在床边拉着我的手哭。

那一刻，我就觉得他就是我的亲人。

我觉得就是因为我遇到了他，我的人生才有了一个很正规的轨道。

我的自制力越往前几年越差，我如果跟着不好的人，我也会学得不好。可是我跟着何炅这样一个优秀的人，他本身就是一个老师，他虽然是明星，他又有老师的简单的东西，而且很淳朴的，从来没把自己当明星，我有这样一个很好的榜样在这里，我没有理由浮躁。

维嘉是一个活得特别明白的人，这么多年的主持生涯，经过了很多磨炼和大风大浪，可给我的感觉他生活得超有品，实实在在，仿佛跟我们这个圈子没有一点关系。在他看来，主持对他来说只是一个工作，而最重要的是生活。

他生活得很认真，衣食住行，每一样都很有讲究。他跟这个圈子保持着一定的距离，可他又是在这个圈子里的。

维嘉让我明白了，无论你是什么人，你在做什么事情，你的生活都必须井井有条，不得马虎，名利都是次要的，一个属于自己私人的健康快乐的空间才是最重要的（但关键是他保证生活品质的同时名利也没拉下呀）。

吴昕就像一个邻家小姑娘。

她比我仔细，在我不开心的时候总会有她安慰的信息，过节日也会收到她的礼物。

周围的朋友都知道，我其实是一个不太会买礼物的人。那次到深圳演《暗恋桃花源》，我知道她喜欢粉红色的东西，就特意给她买了一个粉红的小电风扇，很可爱的那种，而且非常方便实用，主持《快乐大本营》时间久会出汗，热了还可以吹一下。

她也是一个特别可爱的女孩子，不但长得漂亮身材好，而且性格也是没话说，很踏实。是快乐家族绝对不能够缺少的一员。也许正因为我们之间的不同风格和友谊，才能够让《快乐大本营》一直保持这么高的收视率吧。

顺便告诉大家，男生跟吴昕在一起的话一定会很幸福。

海涛就是一个胖胖的小孩，特别可爱的一个孩子。不管你怎么说他，永远都好像是一个乐呵呵。有人说海涛傻傻的，其实海涛挺聪明的。海涛进步很大，给我们的节目带来很多喜感。

如果把快乐家族每个成员用花来形容的话，那么我是灯笼花，十分喜庆的；吴昕是百合花，散发着幽幽的清香；何炅是牡丹花，独领一帜的花中之王；维嘉是月季花，魅力无穷的花中皇后；海涛，勉强算是朵小狗尾巴花，睁不开眼的小花苞哈（海涛别打我）。

去年是《快乐大本营》十年，在让每个主持人讲心得的时候，何炅就说，我在这个舞台上九年了，特别感慨。

维嘉说，我在这个舞台上八年了，特别感慨。

吴昕和海涛说，我们来到“大本营”觉得特别开心，

我说的是，我来了“大本营”我走了，我来了“大本营”我又走了，我这次回来了，我觉得特别开心。

从2002年的第一次来，这中间几起几落，我在《快乐大本营》度过了我最好的时光，我觉得很快乐。

如果我那个时候没有勇气再回来，如果我那个时候不答应坐在沙发上看，可能我就没有今天，有的时候机会其实是自己给自己的。

而且我现在看我主持，和以前的特别不一样，我有三个阶段：第一个阶段就是哈哈大笑，我不会主持，只会快乐，只会好笑；第二阶段是在我们必须要找点的时候，你必须一上去就让气氛达到高潮，而且让大家掀起一种高潮。这个时候是必须要更加疯，那个时候是确立了一个我主持的风格，疯；现在我更加懂得相互的配合和喜剧的节奏。

人总是要长大，当我是新人的时候，我需要帮助的时候，何炅、维嘉都在帮助我。那现在，我觉得我在何炅、维嘉面前没有长大，可是相对于吴昕和海涛还有更多人的时候，他们是把我当一个姐姐来看的，所以我必须要长大。

快乐家族一向都很团结，我们是和谐的一家人。

虽然这其中也有另外的一些无事生非的人，他们会说娜娜的话是不是比别人多什么的。其实我们每个人都是在负责自己的风格和任务，五个人也从未互相比较，因为各自的风格都无法复制。作为一个节目主持人，站在这个舞台上，你就要完成你应尽的使命，让大家快乐就是我的使命，我会尽自己最大努力去做好。我们不是现场直播，后期剪接时觉得有意思的会留下，不必要的会去掉，所以我们一定要努力确保节目每个环节都有好玩的点。说什么都没用，收视率是最好的证明。

我是这样，何炅是这样，维嘉是这样，吴昕是这样，海涛也是这样，我们之间不会有什么争抢。努力都是为节目。

快乐家族缺一不可，每个人都有自己的特点，而将这些五花八门的特点组合起来，就是我们的快乐家族。你们的快乐是我们最大的快乐。一起来：《快乐大本营》，天天好心情！

感悟

娱乐圈里的友谊和日常生活中的不太一样，因为艺人都有各自的事情要忙，一个节目，一次访谈，就是彼此了解的渠道。

可从另一方面来说，娱乐圈里的友谊和生活中的没什么不同，都是建立在相互关爱和包容的基础上的。

当你真心地为你的来宾所想，去体会来宾的心情时，你的节目，传递的就不单单是来宾的光鲜，而更可以把他们内心深处不为人知的一面展现给观众。而这些恰恰是最打动人心的。至情至性，真实的情感才能让人感动，让更多人了解，并且喜欢。在这个过程之中，彼此之间也就慢慢地建立了深厚的情谊。

娜些 · 酸涩日记

NaNaism:: NaNa主义

那些，迷失在2002年日记里的繁华。▶我像是在海边捡贝壳一般，拾起那些遗落的酸涩，那些曾经的迷茫，那些曾经的汗水，都深刻在我最深处的记忆里。然后在时光的变格里慢慢沉淀，我仿佛听见了它们远去的脚步声，那么坚定，那么从容。

日记一

小时候的记忆是很模糊的，几乎记不起多少，唯独每次想起阿婆，都不禁地想留下泪水。

小时候我住在阿婆家里，因为爸爸妈妈工作忙，很长一段时间里，我和阿婆在一起。小时候她也经常带我，她有很小的脚，从小缠过，走路不是特别方便，可是为了哄我，她都会背着我散步很久。

我常常看到阿婆一个人戴着老花镜，坐在门口绣花、纳鞋垫。用力地把针刺入鞋底，然后拔出来，一针一线地绣花。小时候最担心的事情，就是阿婆在绣花的时候会不会扎破手。

现在已经很少有人会这样做了，但是真的很美，那段记忆就像梦境一样。

阿婆绣的花，上面还有很好看的图案，就像一件非常精美的工艺品。小学一次学校自己制作手工艺品比赛，我怎么都想不出来，时间来不及了，后来就拿了阿婆绣的花充数交了，想这事就了了。没想到一个礼拜后班主任告诉我一"好消息"——我拿了一等奖！还要全校发奖，我一身冷汗一连几天都睡不着，怕万一领奖后让当众表演。

后来就跟阿婆承认了错误。她说承认了错误就好，不过别怕，她教我。

我第一次那么认真地去学东西，每天放学直奔家跑，学绣花，好在认真聪明很快学会。可惜后来领奖并没有让我全校表演（可能是因为看一个多小时绣花应该挺无趣的吧），还觉得挺遗憾的。

那时阿婆总是教我：自己的成功一定要靠自己一步一步努力，才是最稳当最心安的。

每次想起阿婆，我的眼睛都不禁酸酸的，那段纯真的记忆，到今天依然记忆犹新。每次回到老家，我都似乎看到了阿婆，花白的头发，戴着老花镜，坐在门口，一针一线缝着鞋底。

现在，她离开我十几年了，我很想她。我知道她一直都能感受到我的努力，她会很欣慰的。

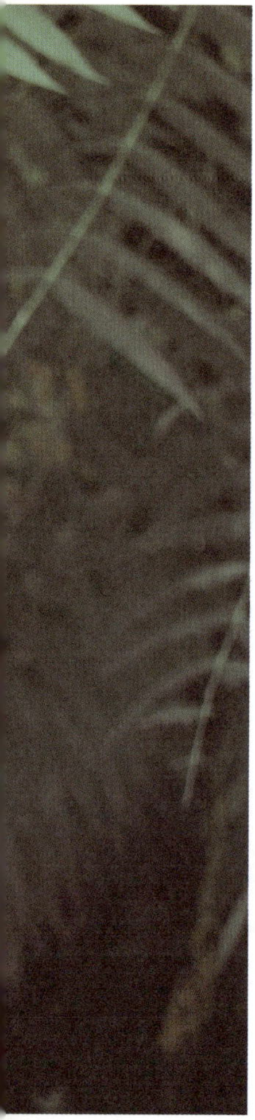

日记二

今天妈妈告诉我一个我仿佛知道又不知道的事，姑爷去世了。

回忆涌上心头，记忆中的姑爷总是不苟言笑，一脸的严肃，远远看去就透着一股威严，所以我从小就对他有所畏惧。

长大后，才知道，因为阿公去世得早，家里都是由姑爷来主持大局。而在外，姑爷是校长，所以不得不表现得稳重谨慎。其实姑爷对我特别好，特别疼我。我出来读书后他还经常给我钱，也特别照顾我们家。可由于童年的印象，总感觉自己有点怕他，习惯使然吧。

记得大半年前见到他时，他还在病床上拉着我的手，告诉我等他病好了就去他家里吃饭。他的眼神，温柔而又溢满喜悦，那是我最后一次看到他，现在闭上眼睛却仍能历历在目。

爸爸接到我的电话以为我还不知情，故作轻松地干笑着，我告诉他我已经知道了，爸爸就变得沉默起来。他的声音略带沙哑，那是第一次，我们像大人般交谈，很舒服。我不用像平常一样装得貌似什么都很顺利很快乐那般，一切都是那么真实和自然，我和爸爸惺惺相惜，感同身受。

愿姑爷安息，他走得很安静，和子女们聊着天，把家里的事情都安排稳妥后才安心地离开。可是姑爷的那句话却让我难以忘怀，他说好的，病好了要在家里一起吃饭的。

人的生死是那么的难以预料，不能把握。在生死面前，什么好坏利害都不足为道。多一些宽容，多一些谅解，就多一些快乐。只要能和家人以及自己所爱的人在一起，一切都是无怨无悔的。

日记三

突然想拥有迷人的身材，诱人的眼神，变得十足的女人味，这是自己缺乏的。一切看起来简单，似乎又很复杂。

让自己瘦一点，换上迷人的衣裙，摆出一副迷人的poss，无名指或中指夹一根香烟，换上高跟鞋，眼神再迷茫一点，身体柔软一点，这些我可以做到吗？

但是为什么要那样，看起来就很累。

或是随着年龄的增长我应该变得那样吗？

一直以来，我的个性就很像小男孩，带着这样的性子以为谁都可以欺负。越长大越明白，不能这样没有分寸，没有原则，没有城府，没有属于自己的秘密。也许在我的内心深处也存在着彼得潘情节。

相信任何人，总是往美的地方想，是好是坏，或许并没有明确的答案，什么时候才能安静下来，什么时候才能沉下来面对所有的人。

害怕什么？害怕孤独。终究是不成熟的表现。那么就让那份阳光保留，那份爱再无所谓点。

这是接下来的我。

日记四

我害怕走夜路，害怕看不到头的森林，害怕看不清结果的事情，尤其害怕一个人面对他们。因为他们不透明，我不知道里面有些什么。

所以，我喜欢听听过的故事，喜欢看看过的电影。

人不就是地球上的一个跳蚤吗？各跳各的，有时根本没法预测前面的一切。但是只要内心有信念，什么时候都能前进。

日记五

在汉城，一切都是那么随意。

累了，在街头阶梯上坐坐，看着三三两两时髦而又充满朝气的年轻人，感觉轻松自在。

没有电话，人与人交往很纯粹，很友好。

好像是来到另一个世界，这是我向往的生活，没有拘束，很阳光。

貌似一个人的生活也很美好。

工作努力，不必要把一切都看得太重，自我一点多好。

接下来的工作我会很认真地去做，去珍惜，去努力。只有自己挣了钱才能享受一切，不用顾虑太多。

同事的工作精神很打动我，他们坚信不能什么事情都差不多就好，因为我们可以做得更好。加油。

善待身边的任何人。

日记六

又一个工作失去了。

貌似这样的事情总是时常伴随着我，也许老天不想让一切那么顺利坦荡，不想让我那么轻易地取得成功吧。

所以更要坚持。

我相信，一切的不如意都是为以后的成功作伏笔的，少了哪一笔都逃不过。

在我看来，命运已经对我够好了。我知道，很多人都不看好我。等待，积累。都说时间的沉淀可以洗练一个人。我决不虚度。

不用和谁去争论自己好还是不好，别人不是你，不会为你设身处地。最好的办法就是用实际行动让他们自行闭嘴。

保持良好的心态，不要让不好的情绪影响到我。

努力，坚持。

日记七

忽然有种长大的感觉。

回想起以前的我，总感觉一片迷茫，但仍是咬咬牙坚持了下来。不管是生活还是工作，我都抱着积极的状态去面对，困难也好，挫折也罢，似乎都可以在时间的推移里迎刃而解。所以我一直坚持着，到现在回想起那个看起来固执的、坚持着的我，依然感觉震撼。

很多想法都在变，仿佛时间把我的想法也变得光怪陆离了吧。

以前演戏，我总是当配角。当时我就想，其实这个那个女一号我也是能够胜任的啊，可老天似乎就喜欢跟我开玩笑，让我一次次和女一号擦肩而过。

次数多了，心里就慢慢地没底了。

记得那次，我终于可以演女一号了。那个导演见了我后说，她就是女一号。当时我就很开心地签了合同，没过多久，突然一个电话打给我说由于又引进了一部分

投资，而那个投资人的要求就是女一号要用他们的演员。

忽然就有种很失落的感觉，感觉被人狠狠地摔在了地上。我不满地质问他们，不是已经定好了吗？他们就说其实女三号戏份也满多的啊。我就很不开心，像这样的事又有几个人能开心得起来呢。我就问，可以不换吗？他们说不换片子就没法启动啊。最后我答应了他们，只是提出两个要求，一是报酬得不变；二是拍摄的周期要缩短。他们也就口头上答应了。

其实他们所谓的女三号也就是个保镖，整个戏下来，我的酬劳还是少了，而周期却没有缩短，反而还有所增加，搞得貌似到处都有保镖的戏。

类似这样的事情还有很多，回想起来反倒觉得有点好笑。好像总是不断地出现希望，然后又变成失望，反反复复，被打击多了，反倒就看得开了，就常常安慰自己肯定是自己还有哪些地方还做得不够好吧，时候未到，既然这样我还是一步一步踏踏实实地做吧。

现在看到那些像我曾经一样在努力在等待机会的人，我就会特别感慨，有种惺惺相惜的亲切。而我何尝又不是个在等待时机的人，就像从一个阶段来到了另一个阶段，那些经历的事情逐渐在那个阶段里沉淀下来，成为回忆，变成历史，而我还在传诵着属于我的传奇。

加油，那些努力奋斗的人，包括我。

1024
AVI
P

娜娜·暗恋桃花源

NNTenet :: NaNa主义 TEN

生活就像一个非常奇妙的万花筒，七彩缤纷，什么都有。不过，你一定要注意保护好你的万花筒，懂得如何使用，过于依赖或者长时间不去关注，都是不对的。否则爆炸也不一定。

趣事

在《暗恋桃花源》的演出中，经常会爆出很多的笑料，每到此时，全场嬉笑一片，用行话来说叫“瓢嘴”，就是说话没说清楚。

比如何老师要说：你哭就哭，哇就哇，哭一下就完了吗？

他就说：你哭就哭，哇就哇，哇一下就哇了吗？

全场都爆笑，我一直在台上憋着。

其实这种口误，谁都有可能脱口而出，从何老师口里说出来，有时候说的是同一句话，还是让人感觉到很幽默。

有一天，我说：有本事你穿短裤打鱼去啊。你拿被子盖了还感冒。

他应该说：我穿短裤怎么不感冒。结果说成了：我穿感裤怎么不短冒啊。

恩泰在演出中也是一个特别有喜剧天分的人，很具有幽默感，他一脸深沉，特别深情地要说一句话，本来他想说：钻进一个又小又黑的洞。

他一本正经地润了喉咙，特别安静地坐在那里，深沉地说：钻进一个又小又厚的洞。

还有一次他应该严厉地说：你吓我一大跳……恩泰在台上严肃地说：你吓我一大套啊。

我说话也有毛病，每当我说：你是让我死是吗？在那种场合里，明明咬着字，却还是特别激动地说成：你四让我是四吗？

除此之外，在舞台上演出时，也会闹出一些趣事。

有一次在舞台上劈桌子——在《暗恋桃花源》里，春花有一场特别激动的戏，就是拿着菜刀把桌子砍开。那天我拿着菜刀，一刀砍下去，剧组里所有的工作人员都在看着我，那张桌子依然立在那里，一刀没有劈开，所有人愣了一下，然后哄堂大笑。桌子只是稍微移了一下，我操刀再来，心想如果这张桌子劈不开，下边的戏不太好演了。但其实也不影响下面的戏，但我想绝不留遗憾，老娘拼了，誓要劈开桌子，

我大喊一声，操刀冲了过去。一刀又劈了上去。那张桌子本身是用两根木头架起来的。我一刀砍了下去，结果纹丝不动。

现场特别安静，也特别冷，不知道该干什么。我都恨不得用脚直接把那张桌子给踹烂。又好气又好笑。剧场上方一定有乌鸦飞过……

当然最尴尬最有趣的还是忘词，有一次另一个“袁老板”田雨忘词，他说：老陶啊，打鱼的方法有很多种嘛（下一句应该是你可以去上游打打啊）。

结果他说：打鱼的方法有很多种嘛。说完这句话后就空白了，脑袋放空。大家都等着他。“袁老板”眨着眼睛，一脸木讷好像忘记了是在舞台上。

最后实在等了很久了，恩泰等得着急，提醒说，你倒是说，是哪一种啊。他又马上回过神来，赶紧说：你可以去上游打打啊。台上台下松了口气。

我记忆最深的事情是袁泉，她在《暗恋桃花源》里饰演云之凡，袁泉演的时候，有一场进门的戏，她要进来。

门是一个用木头搭的道具门，开始袁泉站在门外，看她一直都不进来，大家都以为出了什么事情，原来是不知道谁把门从里面反锁住了，她在外面死活打不开。

还好，在里面的护士看情况有变，使劲帮她拧开了。

她后来说，当时在想，是不是要从旁边直接走进去，差点上映一场“穿墙人”的神话，感人的爱情剧中云之凡从旁边墙壁里进来。这样就比“桃花源”还喜剧啦！

酸事

《暗恋桃花源》最初在海峡两岸选拔演员的时候，赖声川导演在选了我演这个角色之后，很多人是对我有很多非议的。

很多人就觉得，怎么会找谢娜来演这个经典话剧呢，而且是一个二十年的话剧，

《暗恋桃花源》也是国内外话剧的经典了。

我特别奇怪，通常我做任何事情之前都会被人质疑，大家都会持有一种不太相信的态度和否定的眼光，我还没有做，你们怎么知道我就做不好呢。

很多时候我都懒得去辩驳，我想更多的时候，我会用实力和事实去辩驳那些流言蜚语。

其实，在这个《暗恋桃花源》之前，就是我们没见面之前，赖导已经定了我演他另外一个话剧，那个话剧因为时间各方面原因没有排成。那个话剧是当时他找了内地很多制片人和朋友推荐，他说他想找一个做综艺节目的，很有喜感的一个女艺人。

结果所有的人都给他推荐了一个人，就是我。那时候还没有见到我，只是通了几通电话，就定了我。

我就觉得挺惊讶的，赖导很信任我。但是没有合作成，很失望。

"桃花源"定了以后，赖导也是第一个先和我见的面。我第一次见的时候也是他和他爱人。我当时就觉得他们两个特别特别好。

当时还想，如果他们来找我演的话，我是不是和他们聊天中间就给他们展示一些我话剧的表演能力啊。我想一般导演都会找我说，要不念一段台词什么的。我都没有，我就见面说丁老师好，赖老师好。

他说你知道《暗恋桃花源》吗？我说我知道，但是我没看过。

说完以后我就特别后悔，因为像这种经典话剧没有看过的人不多。关于表演这方面的人没有看过的就更少，甚至很多中戏，北电，上戏的学生都拍过。

我当时一下就后悔了，我应该说我看过。

但是赖导就觉得我挺真诚的，就和我聊了一些。他说他看了我的节目，觉得我特别真实，而且很有喜感。他选演员觉得内心的喜剧节奏是最重要的。

我们接着轻松地聊了好多别的好玩的事。我害怕赖导见面后会对我不满意。

结果赖导回去以后跟制片说，我是春花的不二人选。

这个事一直到最后才公布。因为很早就知道，肯定会有一些人对我有一些其他的意见。因为想到，像赖导，像《暗恋桃花源》这样二十年经典的剧目，应该选一些专业的演员。可是其他人也并不了解我在表演方面是怎么样啊，所以就一直没有公布。

果然，在公布结果的那天，还是炸开了锅，习惯的炮轰又来了。很多人说：她怎么可以啊！从对我的质疑，到对赖导的很多疑问，说他内地找我和何 来演，是不是把艺术和票房绑在一起违背了艺术，是注定要失败的。

突如其来的舆论，也让我有了压力。俗话说得好，有压力才有动力。而且我告诉自己，演不好对不起赖老师的信任。

在候机厅，我看了一篇报道，是何 给我看的，就是对我们参演“桃花源”这件事的攻击。我很生气，但也不可能跳出来说：我能演好。

何 就说，我们只有认真地演，才能告诉他们赖导的选择是正确的，我们是可以的。因为事实才是唯一具有话语权的。

很长一段时间我们都在很认真地排练，练京剧动作时韧带拉伤，大腿内侧肿了起来，穿牛仔裤时特别绷，我还以为自己长胖了。结果有一天照镜子我才发现，我的妈呀，左大腿比右大腿粗很多，去医院检查后才知道是韧带拉伤，必须暂停训练韧带和难度动作……还有我背词是最差的，可是那一次，我在两天之内就把词全部背完了。

去排练的时候，何老师还说，娜娜你把剧本带着，我跟你说改动的地方。

我去了以后，何老师很诧异，他说你怎么又没带剧本。

我非常得意地指着自己的脑袋说，都在这儿呢。

他觉得特别惊讶，因为当时赖导选我的时候，他还提醒赖导，娜娜是一个不背词的人。因为之前我们演《麻花》的时候，演了五十多场，我每场台词说的都不一样，剧组的人当时都疯了。可是这个戏不一样，必须要精确。

后来，每每遇到什么困难的时候，我就自我安慰，娜娜，你是一个不怕压力的人，你是一个怕没压力的人。你要感谢那些给你压力的人，有压力才有动力。

暖事

在整个排演的过程中，印象最深的是第一次连排。

赖导的生日快到了，我们就商量好一定要给赖导好好过个生日。结果排日程的就把赖导的生日标记打到了日程表上，写秘密给赖导过生日。

赖导就看到了我们的计划，他就说不要秘密给我过生日，我不过生日，我只要生日那天你们一起送我一个礼物，就是第一次连拍整个戏，不管你们记得不记得词。只要能整个拉下来就是很好的。

我们当时想，才三天，怎么可能，既然赖导的生日，就努力吧。

我们信心十足地说一定。

但是那天还是出了点问题，这是我们谁都不想的。

那天在排练场旁边的一个小排练厅，赖导的爱人就在那里布置了一个小小的区域，挂上气球，并把二十年“桃花源”的剧照——包括林青霞他们当时的，都摆在那里，布置得特别漂亮。

吃饭的时候，我们第一次喝了和《暗恋桃花源》有关的白酒，那个酒也是存放了二十年左右的时间。

我和何老师还有黄老师喝多了，黄老师没事，但我们就不行了。

吃完饭了我们要送生日礼物了，本来就台词记得不清楚，才第三天，而且第一次连排，又喝多了。整个脑袋都是飞的，身子都在飘。

结果第三场演成第一场，第一场演成第三场。

但是那一天我们看黄磊和袁泉演“暗恋”，我和何老师都感动得狂哭，就像两个小孩子，认真地坐在那里看戏，我和何老师都哭得不成样子了，最后冲出排练厅，去洗手间去哭的。

正在洗脸，袁泉演完也进来了，她也哭得很厉害，她一看到我们的样子就说，啊，你们比我哭得还厉害。

那天虽然很糟糕，但是赖导还是觉得很感动的。那天的记忆不强，但是特别开心。就是像一家人一样，一起玩，一起演出，效果虽然不好，但是感情更近了。

还有一次是腰摔。那时候我在上海，去参加《舞林大会》的节目，在最后一场决赛的时候，腰摔着了，还挺严重的，差一点就不让上场的。

医生是肯定不让的，我就给他签了一个保证书，说出现任何状况和他无关，我自己承担。签了字，我就上了场，因为腰疼，但是还是没跳完。

第二天就是北京的“暗恋”演出，我必须从上海坐飞机回北京。我那个时候站都站不直，腰稍微挺起来一点，就疼得不得了，那次我也豁出去了，什么都不管了，先回去再说。

回北京的班机只有一班飞机，就是我那一班。如果再晚一点，就无法回去了，如果那天不赶回去，那一场就没办法演出了。

回去以后就直接去医院打了封闭。到了现场，在后台的时候就有点撑不住了。当时所有的人就拉着我的手说，娜娜加油。

那种感动，到现在依然记忆犹新。

中间有一段我都已经演不了了，恩泰就撑着我的腰站在台上，结束的时候，我们关了幕围在一起回向。

因为赖导说，一个人是不能承受太多的赞扬掌声的，会让你觉得承受不住的。你应该还给他们，而且把这个也送给你想要祝福的人们。

黄磊老师和剧组的人就拉着我的手说，我们谢谢娜娜，祝她早日康复。

我就哭了，挺感动的，剧组像一个大家庭一样，里边每一个人就像自己的亲人。

（一个好笑的题外话，第二天有个媒体写我说：她腰肯定没摔伤，听说她第二天都演话剧了，如果受伤肯定没法演话剧。谢谢这位朋友还惦记着我的伤，没错，我伤了，我也演了。赖老师说这叫集体的力量，你不懂）

另外一件让我感触很深的事情，就是去黄老师家吃饭，他们家给我的感觉就是洋溢着两个字，“幸福”。

黄老师请我们吃饭，他是在自己的家里面先写上菜谱，今天要做什么做什么。写到一个纸上面，贴在冰箱上面，然后去超市采购。当天做完以后会一、二、三全部揭开，给大家一个惊喜。每样菜都做得非常好，色香味俱全。

黄老师是一个特别爱做菜的人，也是一个很出色的大厨，而且是一个非常享受家庭生活的人。

我就想，如果有一个家庭，有一个像黄老师家这样的，我就已经很心满意足了。黄老师会照顾人，家里面很和谐，还有一个小可爱的多多，还有一个小狗狗。

《暗恋桃花源》里面的每一个人，都像家人一样，而《暗恋桃花源》也给了我家的温暖。

向往的事

无论什么事情，我一直都觉得是很美好的，我向往所有事情都往好的方面想，从最好的地方看问题。

有的人说希望越大失望越大，有的人说我先想着不好，但结果是好的反而会觉得值了。那样子做人会更开心。

我觉得不管好与不好，毕竟是一个很长的过程。过程中，我是一直特别开心，可能最后一下我有点不开心，但是毕竟过程是开心的，至少我去努力了。

为了那种美好的向往，所以看任何事情和任何东西，我都朝好的方向想。

懂了的心

不知道从什么时候开始，这两年我变得很爱感动和流泪，可能人长大了更能了解很多细腻的感情，或者更加懂得爱和情。

大到奥运健儿领奖，小到妈妈给孩子喂奶的一些很简单的小事都会让我感动。

有一天回到家，看到以前的一个相册，看到爸妈抱着小时候的我的照片，很小、胖胖的非常可爱；还有妈妈教我孔融让梨的一张照片；还有一张姐姐摘花我不让她摘；还有就是在蛾眉山上和爸妈去旅游，我小时候肚子很大，大家都叫我厨师……好多小时候的细节都历历在目。

我一直都觉得我很幸运，慢慢长大到现在我都很幸运。我的笑没有变，小时候的笑和现在的笑几乎一样的无忧无虑。

不一样的是在笑的背后可能有很多故事，每个人都成了有故事的人，在每一张陌生的脸孔上．在他们的微笑里，我看懂了人生，看懂了别人的故事。

有的故事和感悟让我成长。

我很喜欢笑，从小我的笑就很感染人，现在也是，我们录《快乐大本营》，一进到现场几声娜式招牌的笑就会让大家亲切、让大家更快乐。还记得有一次，我和何老师代表《快乐大本营》去领一个“最受观众欢迎综艺节目奖”的时候，何老师是

一个猫王的造型，我也是一个英伦摇滚的造型。

这件事情，我们是没有商量的，没有想到后来竟然这么不谋而合，我叫这种不谋而合为默契。

拿到奖杯我就开心地笑了，也是招牌式的笑声。何老师说，对，这就是属于我们《快乐大本营》的笑声，然后下边观众都特别特别的开心。《快乐大本营》现在是我的一个骄傲，我觉得这是给我的一个肯定和给我们整个团队的一个肯定。

读书的话

闲暇的时候，会去看关于历史人物的书，当我看到《明朝那些事》的“朱元璋卷”的时候，特别特别有感触。

那是讲了他从一个快饿死的小孩到皇帝的过程，让我觉得越看越激动和感动。他是为了吃饭才到庙里，亘古以来，在尚且不能维持温饱的前提下，所有的人都是为了食而生存，总想有饭吃就行了，但是庙里也没有饭吃，因为饭都叫其他的和尚吃了，然后他就出去讨饭。

我想虽然这个讨饭的过程没有形容，在他的眼睛里只有食物，我相信他一定经历了很多冷眼，一定经历了很多超乎寻常人承受力的事。

因为没有饭吃才会被同乡邀去起义，从一个无足轻重的人物到一个团队的领导人物，一步一步地打败敌人夺下江山，每一次拼搏和战斗，大家都会觉得他熬不过去，但是他都以惊人的勇气和毅力冲破了重重的阻碍渡过一个又一个的困难。

从最简单的只是想有口饭开始，到最后做了皇帝统一全国。

人有的时候就是这样，简单的一个诱因就促使了伟大的将来，不勇往直前永远都不知道能到达哪里，这是我们《勇往直前》的口号，也是在朱元璋身上能看到的拼搏的精神。

人生有很多看似无路可走的境地，大家不能够妥协和退步，朝着自己的理想努力吧！不管结果是怎样只要你对得起自己就够了，至少对得起自己的人生，我们也许做不到像朱元璋这样的顶端，但只要你尽量做到最努力就好了。

股市风云

我不懂炒股，却在搞笑的炒股中懂得了人生。

有段时间，恩泰和黄老师他们一直在炒股，他们每天都说赚了很多了赚了很多了，不停地煽动我和袁泉进去。

我和袁泉商量了下就决定第二天也进，结果第二天袁泉没进，我一个人进了，买了一个恩泰说的股，据说一个礼拜可以翻百分之五十。

进的第二天，就狂跌。

我很郁闷，就问恩泰，为什么。

他和黄老师对视了一下，又看了我一会儿，很生气地说，这可是千年难遇的啊，都怪你。你不进股市多好的，你一进来就这样，你一进来就不是熊市，就成娜市了。

我也生气了，是他们煽动我进去的，结果我的钱一进去就掉了，我好不容易说服爸爸妈妈拿了一点钱出来，他们都是很节约的人，现在跌成这样，可怎么办。最生气的是他们现在还把责任怪到我头上。

越想越难受，他们就劝我，说和我开玩笑，让我坚持坚持。

可是一直跌一直跌，足足跌了一个多礼拜后，有天下午我们正在排练，黄老师接了一个电话，然后得意扬扬地说，怎么样，我说的没错吧，开始涨起来了。

我说真的啊。

他说对啊，才刚刚开始，小涨了一点。

我就赶紧给爸爸打电话准备炫耀下，证明我让他坚持是没有错的。结果我一打电话，爸爸说，他上午刚卖了。

我就疯了，很大声地说，你为什么要卖啊。

黄老师他们就看着我一副终于找到答案的表情，怪不得涨了。

中石油那次也是，我听别人说进去一个礼拜大概要涨一倍。

我又不能把持自己了，第一次用了很多钱进去，结果我刚一进去，又是一直跌一直跌，跌到大概三十的时候，我就彻底不行了，我要走了。

有个朋友说，这，就靠他力挽狂澜呢，再进。

我联想了上次没坚持下去的事情，就又进了一些，结果还是一直跌一直跌，跌惨了。

我和黄老师聊天，他们就在想这个事情该怎么办怎么办。他们商量得正起劲呢，然后我就说，黄老师，我怎么办啊。

¦ 他就说, 你怎么了, 你买了多少。

¦ 我说, 六万啊。

¦ 黄老师先是很惊讶地看了我一眼, 接着很同情地看着我说, 我给算算, 哎呀, 一百多万呢, 那你现在跌了三四十万呢, 你应该怎么样怎么样……

¦ 我越听越害怕, 赶忙打断他的话, 很奇怪地说, 等一下, 黄老师, 为什么我只买了六万, 他们要扣掉我三四十万啊, 怎么这么吓人啊。

¦ 黄老师比我更诧异的表情, 你的六万是六万股吗?

¦ 我一副不明白的表情, 不是啊, 谁买那么多啊, 当然是六万块钱了。

¦ 黄老师嘴巴张着动了两下, 想笑没笑, 然后声音高了几个调, 冲我说, 你给我滚出去。

¦ 我就冲他们吼, 你们让我买的, 我就买了, 现在我亏了你们就不管我嫌弃我, 不带你们这样的。

¦ 黄老师白了我一眼说, 中国股市败就败在你们这些到处听小道消息炒小股的人身上了。然后他就在一旁嘲笑我说, 恩泰, 我们以后买了什么千万不要告诉娜娜, 或者我们要整谁, 我们就让娜娜进那个, 她只要一进去就是娜市了。

¦ 其实, 是这样的, 我自从买了股就到处听别人说, 我这边听了就拿点钱进账, 那边听了就拿点钱进账, 全部都是小道消息, 从来都没有自己的主意。

¦ 人生就如股市, 你一定要有自己的判断, 不能随便听他人的话, 认准一条路, 坚持自己走下去, 不怕困难和坎坷, 相信一切都会好起来的。我还是要大喊一声; 亲爱的股民们, 稳住呀! 坚持呀!

娜式·化骨绵掌

NaNaism :: **NaNa**主义 ELEVEN

生活就像一个精通化骨绵掌的武林高手，你给予它重重一击，自以为能让它翻天覆地，可到头来，它只是微笑着接下，然后在时间的余韵中，慢慢化去你带来的所有力量，直到平静如昨。

大刀没脾气，铁锤没力气，拳打脚踢用来讲道理

但凡和我合作过的人都觉得我很好，除了有次打人事件。

那是我第一次打人，是我参加比赛时，有个人老是在背后说别人的坏话。

当时我就是一种感觉，好奇怪，我都已经出门了，就突然觉得他可能要说我坏话，我就又回去了。结果真的听到了，他就说，谢娜是出不来的，你看她长那样，他爸爸妈妈也不可能好看什么的。

我一听到他提到我爸妈了，冲进去掐住他脖子就打，那个时候，也懒得和他理论，听他再花言巧语地忽悠我，我就当成自己是一个男孩子，讲理的方式就是打。

还有一次，是拍《幸福街》的时候，我头一天拍完以后特别累，就没有换下衣服，直接穿回家了，第二天回来，我就穿着衣服继续拍戏，反正第二天也是要穿这个衣服的嘛。

结果那个服装师就一直说我，说就说吧，我也不想和他计较。结果他越来越过分了，一直紧跟着我，在我耳边像苍蝇一样，说像我这样的演员素质这么差，怎么出得来，然后又提到我的父母怎么的。

我的底线就是不能提我的家人。

我就站起来，一把推开他，一个飞脚就飞了过去。

拍《极速的浪漫青春》的时候，我明明就是第二场戏，现场制片写错了，以为我是第一场，就说我耽搁了剧组，就跟老板告状。

老板就把这个告状的短信发给我们公司，我们公司又转给我，全是污蔑我的短信。当时我正在拍戏，看了以后就从楼上下去，掐住他的脖子就开打，他自己理亏，也不敢还手。

那个时候，我就老是觉得自己像个江湖儿女，不拘小节，我就觉得你诬陷了我，就没有办法和你理论，只能用武力解决。

念口诀,绕指柔,千斤铁,化骨绵,呀!我不能够这么随便

A 这两年我就变了很多,我懂了很多,知道说慢慢地和对方尝试沟通,比激进的方式更好。

前段时间,我在卫视录节目,安排车的工作人员就跟助理说,明天十一点你出发,跟谁谁的车一起,到机场后等一下。

我一想,我两点的飞机,干吗十一点出发,在机场等两个小时,为什么啊?

助理也直接给她回了说,不可能。

她就说,那你不走就没车走了。

我录完音,助理和我一说,我就急了。我想我还没遇到这样的事情,凭什么让艺人到机场等两个小时,我天天都在和机场打交道,现在还要让我在机场待那么长时间,而且我来工作了,你是应该有车送我走的,这是道理啊。

本来是应该由助理解决的,可是,我又忍不住了,我拿过电话就说,我为什么要在机场等两个小时,我凭什么要在机场等两个小时,我说我不走,我自己打车走。

说完,我就把电话挂了,挂了以后我就发了信息给她的制片人。

制片人就和我说,你说得很对,他们安排有点问题,放心我会安排这个事情。

一个朋友刚好打来电话,我把不开心的事诉说了一下,朋友说这件事虽然你是对的,理在你这边,但是否想想以后也许可以用更好的方式解决。自己也不用生气。后来我冷静下来,就觉得,其实还有另外一个方式,就是凡事不要马上判断和生气,换一下好好的解决。我就又发了个短信给那个制片人,我说,你不要去怪她,可能她确实有困难,我也有些冲动。应该好好说,不应该激动。

我又要到了工作人员的电话,给她发了短信说,对不起,我今天的脾气太着急了,我理解你的困难,但是你也应该理解我。任何艺人都不愿意那么早到机场等两个小时,有困难我们多商量。

然后,我就关机睡觉了。

第二天.我就收到短信,她说,谢谢你,娜姐,其实是因为我的工作没做好,收到你的短信很感动,以后我会把工作做好。

我就觉得特别感动，特别温暖，其实人和人交往很像一个弹簧，你施与了什么，就会回来什么。

其实，我打完那个电话以后，她已经调好了怎么做。但是我就觉得我当时确实不应该，而且后来我也想了，那是她的工作，她只是按照工作去做了以后，她心里却不会有温暖。但是我那个短信不光给了她温暖，也同时得到了她给我的温暖。

后来，制作人知道这件事情后，也给我发了个短信，他说，娜娜，你做得很好，你很棒。

我就发现，通过很多事情，我不是改变不了自己，我是可以的，多站在别人的立场上，就能处理好很多事情。

每个结局都应该是一个很温暖的结局。

B 最开始《快乐大本营》的服装都给我做很怪的东西，我很不喜欢，但是又从来都不说出来，就是每次穿在身上别扭，主要是因为不方便，老是裙子什么的。

有一天就自己从北京带了一条裤子过来，让北京的造型师给我弄的，颜色和他们的一样的。

那天结束后，我们就一起去玩，回去的时候，何炅就很郑重地说，娜娜，现在只有我们两个人了，有些话我要和你说。

我愣了一下，心想难道我又做错了什么吗？就有些不安地说，你说啊。

他就说，我觉得你自己带衣服，从北京带过来，不好。

我一听是因为这个，就释然了，还很气愤地和他辩解。我说，为什么啊，一样的颜色，我也没影响大家啊，而且我这样舒服多了，穿裤子有助于节目的现场发挥。

他说，是，但是你和其他四个就不一样了。我们在长沙做的，虽然价钱是一样的，但是你就有一种特殊在里面。《快乐大本营》的导演会想，娜娜会不会觉得很特殊，虽然他答应你的这个要求。你现在对《快乐大本营》来说，也是很重要，你就更不应该提这个要求，也许这个衣服暂时有一点不合适，但是你可以和服装师沟

通。以后可以慢慢来改变，但是你一直就这样自己带的话，我不喜欢，如果这样搞特殊的话，不好。这样对其他几个主持人，特别是吴昕和海涛两个新人来说，会觉得是不是娜娜姐比较特殊一些。当然，你拿过来也是为了节目好，没什么不对的，我只是一个建议，我希望你一直做一个你自己，而不希望你变成特殊的，做什么事情之前我希望你想好了再做。

他还说，如果你不用服装师的衣服的话，服装师也会自卑，他会觉得说娜娜肯定看不上他设计的东西，他也会觉得很难过。这个事情也是重要的。娜娜，你慢慢地长大了。你慢慢地越来越有名气。你慢慢地更应该注意这些东西，更注意周围人的感受。

何炅说完以后，我就觉得自己好像懂了一些。

当天晚上我就给《快乐大本营》的导演发了个信息，说不好意思，我只想到自己合适不合适，没有考虑到团队的协调性，我很不好意思。

然后我又给服装师发了个短信，说我们以后多多沟通，你做得非常好，只是我有很多自己的主持方式，可能动作比较大，还有就是我的性格，主持的风格也比较有自己的特色，所以我们以后多多沟通，相信你是一个最好的服装师。

他特别感动，就和我说，谢谢娜姐，我以后会好好做的。

就是这样，在人生的很多个时候，周围朋友对我很多次教诲帮助，让我也渐渐地长大，学会了换位思考，三思而后行。

被磨掉的棱角

我是一个棱角太多的人，在很多时候总是不能够及时控制自己的冲动，以至于让棱角四处瞎撞，伤了别人也伤了自己。

《舞动奇迹》的白眼事件，是我至今不能原谅自己的一个失控，但这注定是我成长过程中所要经历的事情，而且必须独自面对。我是一个不太会掩饰自己情绪的人，注定是没法玩这个游戏的。不管作为主持或跟比赛有关的任何身份参与。2007年是第一次也是最后一次，快乐男生，我作为主持和张杰的伴舞。《舞动奇迹》作为明星选手，我表达了我的不满，我为此很抱歉。后来我道歉了，我觉得这是一个必须要做的事情，作为一个公众人物，必须要去克制自己。也因为有这样的事情，让我知道以后的日子我再遇到这样的事情，我应该怎么做。

总的来说我觉得比赛是非常让人揪心的事，不管作为主持人还是选手还是只是在电视机或现场看的观众，特别是有朋友或家人参加的时候，看着一个又一个让人紧张让人受煎熬的淘汰环节，真让人无能为力。

有人质疑比赛成名的歌手，其实这样强度的比赛、好的坏的赤裸裸地摆在大家面前，会更激发出人的潜能，也会出现很多好的歌坛力量，周杰伦、郑秀文、许志安等很多天王天后级歌手都是从选秀比赛中出来的。事实证明只要有实力，抓住机遇坚持下去，不断超越自我，就一定能成功。

那场比赛有让我成长的事也有让我感动的事。

那个时候，我收到了一个天津女孩刘淼的短信，说天津抗癌协会有一个娜米，即将要离开人世了，但是还一直在鼓励其他病友，她看我的节目，听我的歌，特别快乐，她现在已经住到医院了，坚持不了多久了，希望我好好跳舞，要加油。

我特别难受，我不明白为什么快乐的人却不能健康，我就让她告诉那个生病的娜米，让她一定要坚持住，我每一场都献给她，她一定要看。

说完的第二天，我就出了意外，就是那场白眼事件。

下台以后，我给天津那个女孩打电话。

我就说，你告诉她，对不起，我一定会让她看到我以后快乐的舞蹈。告诉她，我对不起她，让她看到那不快乐的一幕。

她说，我们都是很支持你的，我们知道你是快乐的，你不要有什么压力，加油。

我就跟她说，接下来的每一场我都会很努力跳给她看。虽然我没有太多时间去练，但我会让她看到我最好的跳舞。

其实那个时候她已经有点不行了，我就是让她一定要坚持住，哪怕是为了看完我的表演，看更多我的节目，等我有空去看望她，要坚持住。书上说：生命只要有希望就能坚持下去。

接下来我就跳了那个《给我一个吻》，霸王别姬。

她看完了以后跟我说，她们都很开心，喜欢娜娜姐的快乐的舞蹈。

第二天的时候，天津那个女孩给我发了个信息说，娜娜姐，那个姐姐已经去了。但是她看到你的那个舞蹈，她流泪了，特别感动，她是笑着离开的，她和她的家人都特别感谢你，你给她带来了很多快乐。

我就说，你把她妈妈的电话给我。

我就打电话说，阿姨，不要难过。

她说，谢娜啊，虽然没见过你，但是这些日子你给我女儿带来了快乐。真的谢谢你。

我说，阿姨别说谢谢，虽然我们没见过面，但是只要你看到我，就像看到你女儿一样，希望有些快乐可以让你感受到。

我向往快乐，也希望大家都能快乐。

我从不后悔我经历的任何事，经过的事情都让我成长，人可能就是这样慢慢成长的。

人不能给自己压力太大，承受太多，本来就不是你的体力能够承受得了的，但是你去做了。你要是有精力做你就要把它做好，你要是没精力，你不能控制自己，你

就不要去做。

那天晚上回来之后，我接到何老师的一个信息。他说，娜娜，这段时间你太累了，超人般的累，情绪不能够控制。但是我们所有的朋友都爱你，熬过这段时间就好了。一切都会好起来的。

那是段复杂的时间，我经过了成长了，结果很好。

经过快男和舞动后我决定封赛，对于这些经历我有特别的感受，很难忘，但总的来说，我并不快乐，所以和比赛有关的我都不主持不当评委更不当选手。

我很感谢成长的路上有这样那样的事情，让我提早磨掉了这个棱角。

磨掉棱角后的结局很好，就是这样。

5·12

娜心 · 永远我要爱

NaNaism :: NaNa主义 Twelve

生命很脆弱，人与人之间更要真诚面对，多一些宽容少一些伤害。更爱更珍惜自己的家人，爱所有身边的人，真实地过每一天。

伤痛

那里一片狼藉，一个妈妈在找着自己的孩子；孩子在废墟中哭泣；雨水从高处流淌下来，被压在残垣里的骨折的手臂，浸泡在污水里。营救人员一次次被余震所阻碍逼回……

我从踏上这片土地开始，眼泪就没有停止过，我总是被一幅幅残忍的画面，被那些微弱的呼喊的声音所震撼。我常常看着看着就眼含热泪。当时的状况，我想无论是谁，都会流下眼泪，会被这一刻所打动。对于我来讲，感受更不一样，因为我是四川德阳人，而德阳也是受灾相当严重的地区之一。

知道这个消息的时候我正在北京工作。回想当时，我好像看到对面的大楼在摇晃，然后身体感觉到目眩和恶心。那是我第一次有这种感觉，不过这种感觉很快也就消失了。

大家连忙从楼里下来。在上车的时候，一个朋友打电话过来，说四川是震中。我当时整个人就蒙了，立即打电话给家里，电话拨不通。当时我真的不知道该怎么办，觉得自己在一瞬间崩溃了，因为爸妈就在德阳旁边的一个县里。

我不断地拨打家里的电话，一个多小时后电话终于通了。打通了一分钟，就断了，再也拨不通了，但是就那一分钟让我放心了。

爸爸说我们家所有的亲戚都在一个广场上面，说让我放心，而且说他们那儿的情况并没有那么厉害，他们说没事。我就松了一口气。

然后当我看电视的时候，才知道，那边已经成为了人间地狱。

我一边看电视，一边哭。我想打电话给家里，特别是妈妈，想抚慰她几句，却一直都打不通。我只能焦急地等待。这种等待特别可怕。

我知道爸爸妈妈一定是怕吓到我，所以才说没事。

后来我才知道，我妈是光着脚跑出来的，家里的电器、桌子上的东西、碗柜里的东西，全部震到地上了。整个家里乱七八糟，所有的东西都东倒西歪地倒在地上。

感动

因为这个时候在贵州还要演《暗恋桃花源》，所以我不能马上赶回四川。我记得特别清楚，那几天我一直哭，边看电视边哭。

到了贵州以后，准备彩排，大家都坐在那儿。我就特别呆地坐在秋千上，眼泪一直滴、一直滴。觉得在这样的状况下我还在外地，我觉得很害怕、很难过。我觉得我坐在这里，又帮不到家里，想立即回去，又回不去。特别无奈。

而且《暗恋桃花源》是一个很喜剧的话剧，我觉得我没有办法调整这个心情，但又必须去演。我觉得自己的心不在这里，觉得所有的一切，没有办法去把握，我害怕自己做不好。

我就在那儿一直哭，制片人、黄磊老师、何炅，他们一直在劝我。制片人就说，在今天晚上的演出之前，我们会有一个募捐活动。在看到大家的努力之后，你就能集中精力。

我知道制片人在给我做心理的调整，我说好，我说我要跟大家说几句。

晚上的时候，募捐活动开始，制片人做了募捐的开场，我看到话剧台上挂起了一个很大的横幅，写着“贵州人民支持四川，四川也是我们的家”。

看着那个大横幅，我的眼泪就一直流一直流。

上场以后，我说谢谢大家，谢谢大家给我这个机会，让我可以给我们的贵州观众除了演话剧，还可以跟大家讲讲我的心里话，我说这个地震让我们都很心痛，我说我虽然因为工作的原因，或者因为交通的原因，我不能回到家，但是我要在外面做一切能为家乡做到的事情，我要谢谢所有的贵州人民。

说到这儿的时候，就忍不住了，就克制不住自己的情绪，人就开始抖。耳边只能听到下面的观众一直拍掌、一直拍掌，抖了一会儿我慢慢恢复过来，就接着说，谢谢大家，我说我们会好好演的，我就下去了。

半个小时，我们募捐到了二十多万的现金和五十多万的物资，只有半个小时的时间，我看到了大家涌现出的爱心。

其实，观众来看戏的也一定不会带多少钱，可是，他们非常热情地说，我们还

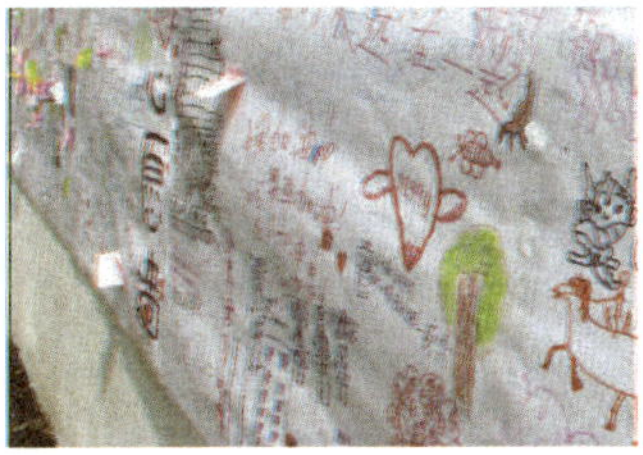

可以的，卡里的钱，可以直接刷给你们。

我当时就觉得真是太感动了。

那天晚上，我们的话剧演得很好，观众的掌声很热烈。我记得我第一次出场那个哈哈哈笑的时候，平常大家都是哈哈哈哈就笑了，那天大家却是一直鼓掌。

他们也知道，我眼泪都还没干，就开始演这个，这么好玩的这么一出戏。

我们也觉得，观众为我们做了这么多，我们要把最好的戏给他们，所以我演得很卖力。

后面的场次，也进行了募捐活动。所有的捐款，被直接交给了贵州红十字会，由红十字会转交给灾区。然后《暗恋桃花源》6月9日在北大义演，那是我们《暗恋桃花源》的第一百场，我们希望用义演得来的款项，修建一所《暗恋桃花源》的希望小学。

我们希望《暗恋桃花源》的希望小学能够一所、两所、三所……更多地修下去。

真情

其实演员就是一个不得已的行业，无论你发生了什么，你都必须以一种专业的态度面对观众。

我知道我的家人很需要我，我的老乡正在遭受苦难。但是我必须要演春花，春花又是个很无厘头的角色。这种内心悲喜的冲击，在我以前采访别人时，有听到并理解过，可是在这次自己亲身经历到这样的事情的时候，才发现感觉是完全不一样的。

经过这次的事件，我真的觉得我的家人非常伟大。每个人在不平凡的时候，都很伟大的。这些平凡的人，在这样不平凡的时候，让我看到了一个民族的力量。

比如我的爸爸，我说，爸，我要回来。或者，我回来接你们。这是当时的第一个想法。他只说，现在很多救援的人，都在往这边走，不管是车还是飞机。你不要回

来，占他们机票，不要去占他们的路，这样才有更多的人可以获救。我们是安全的，没事，你在外面多做一些赈灾的工作，这样家人会更开心。

《暗恋桃花源》的制片人袁鸿和我们一起去了四川。他先我们一步去绵阳医院送一些医药和赈灾的物资。

在赈灾义演的时候，在开场前，一般演员是不能跟观众见面的。但那天跟黄磊商量之后，剧组以我和黄磊为代表，在演出前站在大幕前跟观众说几句。我上台发言时，努力地试着说下去，但两度都在台上哽咽了。

我们一起在四川，到了绵阳在受灾的群众的安置点，看着这些失去家园的人们。我觉得自己感受到一种从来没有感受到的力量。是希望的力量。

那几天里，我们一起去了长虹厂，就是那天我见到了那个校长，他带着学校的孩子们从地震的山里走出来，可是他的孩子却遇难了，他没有来得及去救他的孩子。

我见到那个校长，我说校长您好，我深深地鞠了一躬，说，我在电视里面看到过您，谢谢您。

我也说不出其他什么，然后他说没事。

我说这些孩子，我看着他们特别的开心，状态很好，真的谢谢你。

他说没有，特别淳朴地笑了一下，他说如果我的孩子知道这些哥哥姐姐，现在这么安全这么好，他也会开心的，然后校长就把脸转过去了。

这是让我感触很深的一个情景。他还说，高三的学生，现在已经开始上课了，高二、高一也快了。

我就觉得特别开心，我进去看到这些孩子，有一个男孩因为受了伤，当大家都站起来特别开心的时候，他就只是躺在那儿。我就去看他，我说你好吗？他说，我挺好的。

然后我就说，来，我给你扇一下，我拿那个扇子，我说我给你扇一下，怕热什么的，旁边的男孩就嘿嘿在那儿乐。

他说哈哈，我好幸福，他们好羡慕我的。

我没有想到他那么小就知道如何让别人放心，会开玩笑。

去之前，我觉得自己肯定会哭，但是看到这些孩子这么坚强，他们的状态是和平常的孩子一样的，他们比我们想象中还要坚强。

有一个女孩我记得特别清楚，我进去的时候，很多小孩都站起来说，娜娜姐什么什么，特开心。

只有她一个人坐在那儿，拿着一本书，一直低着头，眼泪一直滴、一直滴。

我说怎么了，旁边的女孩就说，说她的家人走了。

她不说话，就是眼泪滴得更厉害了，整页书都湿了。

我就劝她，不要哭，我说你的家人，肯定希望你可以坚强。

她说，这个书，是一个志愿者叔叔送给她的。上面写着"妈妈，我要顽强地活下去"。

鼻子当时特别酸，凭什么，让这么小的孩子要承受这么大的灾难，可是我不能在她面前哭，我要安慰她，我就说，你要像这上面说的一样，你要坚强，然后以后遇到任何的困难，都要用笑脸去面对。

然后我就在书上面画了一个笑脸，我说你不开心的时候看看它，你看看它就会开心，你就会快乐。

可是，话刚说完，我自己先忍不住，眼泪一下子涌了出来。

还有育才中学的孩子们，老师带着他们走了一天一夜，爬山啊什么的，冒着雨什么的，走了一天一夜走到绵阳。

在一个比较安全的平地上面，我看到了那帮小孩儿，他们每个人都有三套新衣服，他们很开心。

我过去以后他们也特开心，看见我还给我唱《菠萝菠萝蜜》，这个是让我很震撼的，我就说，我说谁最勇敢，他们说我最勇敢，我说谁没有哭，每个人都说自己没有哭。

然后我就说，那你们现在最大的愿望是什么啊？好多人没有说话了，好多小孩儿，就开始突然间眼睛里面就有眼泪。

短暂的他们可以很开心，可是他们心里的伤害，却是怎么都抹不掉了的。

那几天，我们不管到了哪一个地方，都要马上就投入进去，你没办法有眼泪，就去忙，就去忙。

默哀的第一天，两点二十八分的时候，我在绵阳火车站，很多工作人员，警察啊，还有一些记者都在一起，当时绵阳火车站的钟是坏的，两点二十八分它没有显示，我们就是在那里，突然听到了鸣笛。

那几天的压抑在这一刻一下子释放出来，就一直哭一直哭，所有的人都在哭，默哀完毕，现场一片哭声。

闭上眼，我就觉得仿佛回到了地震的那个场面，眼泪就像开了闸的水一样止不住。

我一直都是一个很乐观的人，但当我在看到地震现场的时候，我完全崩溃了，当我看到那些灾区的孩子们，我可以非常勇敢，却无法乐观起来。

几经辗转绵阳之行结束了，我终于回到了朝思暮想的德阳，这场灾难让我们一度在生死之间徘徊，也让我们更加珍惜每一份感情。

回到家里以后，才知道我们家的房子已经有裂缝，而且一直有余震发生，加上城建不让回去——因为有裂缝，必须等余震彻底结束以后，检查一下看整个楼的主体有没有损坏，才能决定是否能够继续住人。

我去了以后就真的挺不能接受的，我看到我们家那个帐篷——我家所有的亲戚都在一个帐篷里面，帐篷的地板是用一个倒了的广告画铺成的。

爸爸之前跟我一直形容说，放心好了，我们住的帐篷有地毯、有席梦思，三星级的，当时我就特奇怪，怎么会有那么好的帐篷呢。

结果，我就看那个广告画在地上，然后这边一个木板，下面砌了点石头什么的，这边呢，不知道从哪儿抬了一个，真的抬了一个，那种最小的席梦思，还是爸爸知道

我要回来后特意找的。

家里六个亲戚就挤在一个帐篷里。

见到我爸爸妈妈的时候我没有哭，爸爸看出来我在掩饰，而我一直在故意讲一些开心的话，就说，要是觉得闷的话，也可以让其他人来感受感受我们这个三星级的帐篷。我爸爸一直在跟我开玩笑，一直在找一些很搞笑的话题，我知道他想调解我的心。

那天晚上我感觉到前所未有的轻松，我们躺在那儿，然后我睡得特别踏实，那天晚上就是各个电视台都预告了有余震，六到七级，然后所有人都特别害怕的一个夜晚。但是我看到爸爸妈妈都在旁边，我就觉得特别踏实，一直躺着，好久没睡得这么香。早上天亮了，我也不想起来。

经过这次地震让更多的人懂得了，珍惜。

后记

一晃，就是十年过去了，这十年对于我来说是慢慢的。

就像慢慢爬阶梯一样地往上走，慢慢地一步一步地走我自己的路的过程。

这个过程，很艰苦，却让我感到快乐和自豪。

无论以前的日子怎么样，现在的日子怎么样，以后的日子又会怎么样，我都不会因为名利而让我失去自由，失去原来属于我的快乐和随意。

想笑的时候就哈哈大笑，难过的时候就哭，穿着大裤衩和拖鞋上街，在街上看到好吃的，就买了边走边吃。

我是一个不喜欢墨守成规的人。无论别人认为我是名人还是普通人，对我来说，并不重要。重要的是我想做最真实的自己。即便是在做公众人物的同时我也想做一个普通的自己。

其实我和每个人都是一样的，我只是很幸运地找到一个自己喜欢的工作，并且坚持把这份工作做好了。

相信自己， 每个人的年华都是由自己来撰写的！

代后记

何炅

哇!文采真好啊!真有内涵啊!

娜姐说:“我要出新书了,帮写个后记呗!” ▶ 我:“呃,书稿看看呗!” ▶ 娜姐说:“来不及给你看书稿了,你就随便吹捧几句呗!” ▶ 我:“呃,没看过怎么吹呢?” ▶ 娜姐说:“你就写, 哇!文采真好啊,真有内涵啊!” ▶ 我:“呃,好。你不后悔?”

许久…… ▶ 娜姐:“我后悔了。”

后悔也没有用了,以下就是我给娜姐的新书写的后记:

后记的后记: 从娜娜到娜姐

这个后记好像不记也罢。可是不能怪我, 这是我第一次书稿也没看到就给人写后记,说不提心吊胆绝对是假的。娜姐做事,我们盯着看心里还不踏实呢,何况这种摸黑凭感觉的事?!

我为什么不拒绝?

因为她是娜姐啊!

我好像从来就不会拒绝别人,娜姐就更加。不知道为什么, 从最早我在长沙一家KTV看到在桌子上乱蹦乱跳的谢娜开始, 她就吃定我。(据娜姐说, 在那之前她就以嘉宾的身份和张卫健一起参加过“大本营”的节目, 但因为年代久远, 她当年又实在太song, 我没有什么印象, 所以忽略不记) 我有一些其实自己也很喜欢的东西, 不知道为什么莫名其妙就送给了她; 我被她以“大家一起拍戏多开心”的名义拉进了一个剧组, 不知道为什么她莫名其妙地就没有出演只剩下我; 我和她坐飞机, 下飞机时就要负责帮她顾齐所有的东西, 就这样还是有一次一个空姐追出来喊: “谢小姐你忘了穿鞋! ” 当时我真的觉得为什么我活得那么小心谨慎却会有这样丢脸的朋友!

可是, 我还是没有学会拒绝娜姐。

不只是我, 我们身边的人都迅速感染了一种习惯, 那就是不对娜娜说不。而且, 我们现在都很真诚地叫她娜姐而不再是娜娜，一方面是因为她日积月累的“江湖地位”，还有她日渐成熟的巨星风采，最最重要的是她莫名其妙的无人能敌的“腐蚀性”的强气场。

就这样，娜娜成长为娜姐，并且还有往“娜姐大”发展的趋势。记得她第一年主持春晚的时候，很慌乱。为了给大家放松也为了给自己鼓劲，娜娜讲了一句让全场爆笑的话：“各位主持人，大家别慌，上台就跟着我，我来把握节奏！”估计好多人当时的脑海里一定出现了春晚失控、节目 折的画面。可是，这样的玩笑话却随着娜姐的成长迅速成为现实，娜娜的控制能力和节奏感越来越清晰明显地表现在节目中，更加重要的是，从娜娜蜕变而来的娜姐也越来越懂得控制自己的生活。

年前娜娜动了个小手术。为了不让家里人和观众担心，她用最低调的方式治疗和休养。事情的经过只有我们几个好朋友知道。悄悄去医院看她的时候，这个疯子居然还在看情景剧DVD，一边看一边捂着伤口丝丝丝丝地笑。我们真实被她雷到。可是，这次休息也非常明显地改变了她的生活观念。她后来不只一次跟我说：“我要放慢脚步，好好享受生活，好好珍惜自己和我爱的人，我有大本营就足够了，其他的事情随缘就好。”后来就看到她真的推了不少的戏和工作；后来就看到她下了节目也比较少和我们去疯而是回去补美容觉；后来就看到她更多地回四川看父母、看灾区的孩子，娜娜越来越城为一个靠谱的女青年，甚至默默地写出了一本很有文采很有内涵的书。

这么红的这些日子，她的生活当中永远充满了各种各样的事件和话题。一次次地迎战，一次次地解释，一次次地妥协，一次次地成全。慢慢的，我们这些身边的人明显地看到无忧无虑的娜娜越来越瞻前顾后，碰到什么事情就很容易紧绷着，甚至整个人一碰就会跳起来。也常常会看到她低着头皱着眉坐在角落里拇指如飞地 里啪啦地疯狂发长篇短信，吃个消夜常常有半个小时要站到门外去接电话。每天每夜也睡不太好。她曾经写过一篇 blog，说和我同飞机看到我一直在打 睡很心疼，希望我照顾好自己多多休息。看到的时候我很意外，也非常感动。其实，一个女孩子，特别是像娜娜这样年轻美貌的“花瓶”，靠自己打拼真的很辛苦，我们才是真的担心和心疼。

从娜娜到娜姐，我不敢说自己更喜欢什么阶段的她，我只是永远忘不了那个怂怂的在桌子上跳舞的疯丫头。不管娜姐变得多么的有内涵，多么的靠谱，我希望那份纯真的 意的快乐永远不要离开她。

因为，我们大家都需要这样笑着的谢娜。

图书在版编目（CIP）数据

娜写年华 / 谢娜著. —长春：北方妇女儿童出版社，2012.3

ISBN 978-7-5385-6225-5

Ⅰ.①娜… Ⅱ.①谢… Ⅲ.①谢娜一生平事迹 Ⅳ.①K825.78

中国版本图书馆CIP数据核字(2012)第038037号

娜写年华

作　　者	谢　娜
出 版 人	刘　刚
责任编辑	李少伟
装帧设计	艾维马克
开　　本	710mm×1000mm　1/16
字　　数	142千字
印　　张	14
版　　次	2012年4月第1版
印　　次	2013年8月第6次印刷
出　　版	吉林出版集团 北方妇女儿童出版社
发　　行	北方妇女儿童出版社
地　　址	长春市人民大街4646号 邮编：130021
电　　话	总编办: 0431-85644803 发行科: 0431-85640624
网　　址	http://www.bfes.cn
印　　刷	廊坊市兰新雅彩印有限公司印厂

ISBN 978-7-5385-6225-5　　**定　价**：39.80元

版权所有　侵权必究　举报电话：0431-85644803